読書する知性

「本作り」演習成果

中央大学文学部
実践的教養演習第 1 部門 2020 —— 編

中央大学出版部

目次

まえがき

中央大学文学部の宇佐美毅先生（学部長）のアイデアから、この授業は始まった。二〇二〇年度の中央大学教育力向上推進事業として申請されたのだ。その結果、「実践的教養演習」という新しい授業が始まることになる。文学部の授業ではあったけれども、他学部の学生も履修可能な授業であった。

「学生が自ら作りあげる実践的教養教育」という名の下に、二〇二〇年四月から始まった。吉野朋美先生（文学部教授）が全体のとりまとめをしつつ、それぞれの部門で、学生と教員が協力して授業をし、その成果である本や動画などを創りだす試みだ。授業自体も、既成のもの（講義や演習）ではなく、毎時間、学生と教員で話し合い、新たな形式と内容を模索し創りだしていく。さらに、外部の講師を招聘し、実践のための本格的な指導を受ける、というものである。

この授業は、三つの部門に分けられた。第一部門は、最終的に本を創る出版部門。第二部門は、学術イベントを中心に手がけるイベント部門。そして第三部門は、動画発信を目指す動画部門である。授業全体のテーマは、「ヒトとモノ」であり、このテーマに沿って企画出版、イベントやマップ制作、動画制作などの活動がなされた。

新型コロナウィルスによる未曽有の事態により、授業開始が二週間遅れ、授業そのものもオンライン授業となった。全体授業として、「各部門のねらいと課題」「各部門にかかわる法律上の基礎知識」（佐藤信行法科大学院教授による講義）、「共通テーマ「ヒトとモノ」に関するブレインストーミング」（文学部中村の講義と議論）があり、四回目から、それぞれの部門に分かれ、無から有を創りだす試行錯誤の授業が始まった。

第一部門では、「ヒトとモノ」という全体のテーマを、本を創る際のコンセプトに具体化する作業が始まった。まず、担当教員（及川淳子先生と中村の二人）や学生（前期履修者は、八人であった）の本とのかかわりを紹介する授業をした。多くの本やいろいろな経験が紹介された。その後、どんな本をつくるのか（本のコンセプト）ということについて議論した。最終的に「多様な思想」と「二〇歳の頃に読んだ本」という二つの言葉に集約された。つぎにこのテーマにふさわしい執筆者の選定が始まる。文学部だけではなく他学部の先生も選択肢に入れ、さまざまな角度から話し合いが続けられた。多くの先生が最終的に執筆者の候補として残った。

前期の最後には、工作舎の編集者である石原剛一郎氏とコピーライターの加藤庸一氏による講義がおこなわれた。タイトルの作り方や編集についての原理的で、かつ実践的な講義内容であった。夏休みになると、学生は、自分が選んだ先生方に執筆依頼を始めた。学生の皆さんは、先生方に依頼を断られたり連絡がつかなかったりとかなり苦労をした。最終的に一一人の先生方に執筆を快諾頂いた。

後期に入ると、再び著作権などの具体的な話を法科大学院の佐藤先生にして頂く。夏休みから後期にかけて集まった原稿を、学生がそれぞれ分析・紹介し、その後教員（中村）も同じ原稿をべつの角度から分析した。すべての原稿についての授業が終ったところで、前期に続き再び加藤氏に、タイトルについての講義を受ける。さらに、つぎの週は、工作舎の石原氏に、具体的な編集作業（原稿の「因数分解」や構成など）の講義を受けた。第一部門の後期最後の授業は、執筆して頂いた先生方五人が参加する座談会が、学生による司会進行でおこなわれた。

年明けに、第一部門の後期報告会がおこなわれる。同時に、学生によるタイトル案の提出、それに対する加藤氏のコメントのやりとりが数回おこなわれ、最終的にタイトル（『読書する知性』）が決まった。学生六人（後期履修者は六人であった）によるコラムの原稿も提出される。二〇二一年二月には、工作舎のアートディレクター、宮城安聡さんによるカバーデザインも決まり、本の完成へ向けて大きな一歩を踏みだした。

この授業の企画の段階から出版に至るまで、つねに並走しこの上なく尽力頂いた中央大学文学部事務室の坂田範夫さんと齋藤優里花さんには、心から感謝したい。そして、企画から完成するまで大変お世話になった中央大学出版部の方々にも、深甚なる謝意を表したいと思う。

最後になるが、ブック・ガイドと索引作成という一番面倒な作業をしてくれた、この授業のティーチング・アシスタントである菊池礼さん（国文学専攻の大学院生）にも、感謝の気持ちを伝えたい。本当にありがとうございました。

中村　昇

きっかけは授業

吉野朋美

はじめに

若いときにどんな本を読んできたか——。読了した本のずらりと並ぶ本棚が私の目の前にあったり、几帳面に読書ノートなどを記してあったりすれば、それはすぐに紹介することができるでしょう。ただ、もとよりずぼらな性格、ノートなどつけているはずもなく、また本はすべて購入したとも限りません。しかも実家の庭に「陽朋《ようほう》文庫」と名付けた書庫まで作って置いていたたくさんの本も、両親亡き後実家を手放す際、研究関係以外は思い切ってほぼ処分してしまい、昔の記憶をたどるよすがもない状態です（ちなみに、「陽朋文庫」という名は、親友の名前と私の名前の一字ずつを取り、恐れ多くも京都にある旧公爵近衛家の陽明《ようめい》文庫という貴重書だらけの文庫をもじった、お気に入りの名前でした）。

ただ、二十歳の頃に読んだ本というテーマをいただいたとき、不思議とすぐに何冊かの本の題名が思い浮かびました。それらは、いまの私の研究に直接結びついているものもあれば、一見まったく関係のない内容のものもあります。けれども、いずれも現在の私の考え方や研究につながっているものです。

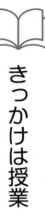

知らない世界に目を向ける——V・E・フランクル『夜と霧』

第二次世界大戦時のドイツ強制収容所での体験を精神医学者が書いたこの本に出会ったのは、都内の小さなカトリック系の女子大に通っていた大学二年のキリスト教学の授業でした。宗教色のない大学のカリキュラムからすると異質だと思いますが、この大学はミッションスクールですので、キリスト教学が一、二年次に必修だったのです。当時の私は、一年の教養課程を経て国語国文学科に進学し、専門科目を学ぶほうに心が向いていました。ですから正直、必修のキリスト教学は、いろいろな意味でやさしいと評判ならどの授業でもよかったのです。いま思うと教えてくださる先生に失礼ですよね。でもみなさんも、そういう気持ちで履修した授業ですばらしい発見や出会いがあるかもしれません。

講師はアルフォンス・デーケン神父、「死生学」の日本における提唱者であり、「死への準備教育」の普及に努め、つい最近帰天された著名なドイツ人哲学者でした。ただ、当時はまだそこまで死生学もデーケン神父さまも有名ではなく、身近なところから生きること、死ぬことを考えさせるようなお話をいつもユーモアたっぷりにしてくださるな、くらいの感覚で授業を受けているだけでしたが……。その、漫然と受けていた授業で夏の課題として出されたのが、V・E・フランクル『夜と霧　ドイツ強制収容所の体験記録』（霜山徳爾訳・みすず書房・初版一九五六年）の読書レポートでした。

戦争体験、しかもナチスの強制収容所での体験を語る本を読むのは気の進まないことでした。それまでも戦争に関係する近現代小説は何冊か読んでいましたが、あまりにも陰惨な光景、むごい状況、極限の体験が次から次へと迫ってきて、想像するにも読むにも堪えない気持ちになるからです。ところがこの本を読了してもっとも強く感じたのは、生きることへの希望と感謝の気持ち、そして人間の崇高さでした。極限の体験を具体的に語っている本なのにそのような感情がわいたことが不思議で、いまでもその感覚をよく覚えています。

この本には著者のフランクルが収容所で体験した、人格や尊厳が奪われ、感情を失っていくようなできごとの数々が記されています。フランクルの手記の理解の助けとなるよう、ナチスの強制収容所全体の詳細な実態の解説と写真も添えられていて、それはもうページをめくることすらためらわせる凄惨なものです。しかし、実際そのなかを生き抜いたフランクルの筆致は常にドライで客観的で、体験を通じて考えたこと、理解したことを明晰な分析とともに語っています。さらに個の体験から普遍的な人間の心理や意識の分析へと展開しているために、収容所での特異な体験が克明に語られながらも、そこにとどまらない意味を私たちに考えさせるのだと思います。たとえばこんな一文があります。

> 待っている仕事、あるいは待っている愛する人間、に対してもっている責任を意識した人間は、彼の生命を放棄することが決してできないのである。彼はまさに彼の存在の「何故」を知っているのであり――従ってまた「殆んどいかなる如何に」にも耐え得るのである。
>
> （「八　絶望との闘い」）

フランクルがこの本を通じて語っていること、それは、生きるとはどういうことか、生きる希望とはどのようなものか、自分に与えられた使命は何か、過酷な運命であってもそれに抗わず、かといって流されずに毅然と受け入れるために日々どう生きるべきなのか、ということです。ほぼ死しか目の前にない絶望的な状況でも、生きる意味を見いだすことで希望を持てる人間の強さがここには語られています。だからこそ、読む者にも生きることへの希望や感謝の念を起こさせるのでしょう。

大学二年の私は何不自由なく女子大生活を謳歌していました。社会もバブル崩壊直前でまだ好景気でした。ただ、その年の正月に昭和天皇が崩御して長きにわたった昭和の時代が終焉を迎えたこと、六月に天安門事件があって同世代の若者が人民解放軍の戦車の下敷きになったことなど、「死」を考えさせるできごとや社会の変革が予兆されるようなできごとがあった時期でもありました。当時の私は、そのような情勢にあって、これから社会の一員として生きていくこと、いつか来る死への恐れを漠然と感じていたのだと思います。その恐れをこの一冊は引き受けてくれたのです。課題とされなければ興味も持たなかったに違いない強制収容所での体験を語る記録、フランクルの思想。そして深く考えることもしなかったであろう、人間が「生きる」ことの意味や希望……。知らない世界に目を向ける大切さを、この本から私は学びました。

なお、今回この文章を書くにあたって、ひさしぶりにこの本を大学の図書館で手に取りましたが、二〇〇二年に新版として、読みやすい新訳も出ていました（池田香代子訳・みすず書房）。依拠したフランクルの原書も一九七七年版の新版に改められています。また、新訳版には収容所の解説や写真がなく、よりフランクル個人の体験と思索の跡がくっきりと見えるものとなっています（それが良いか悪いかはわかりません）。

いま世界的な新型コロナ感染症の蔓延で、多くの人が生きる希望を見いだせず、困難な状況にあります。そのような状況下でふたたびこの本にめぐりあってみなさんに紹介できることに、何か意味があるのではないかと思っています。

作品世界をどう訳すか――ジェイムス・ジョイス『ダブリン市民』

私は日本古典文学、とりわけ十二世紀から十四世紀ころの中世といわれる時代の文学、なかでも和歌文学を研究の対象にしています。日本の古典文学が好きなのは、『百人一首』のかるた取りを含めれば幼稚園生くらいのときからですので年季が入っていますが、実は外国文学も好きでした。英語も嫌いではなく、教養課程だった一年生からの進級時に専攻を決める際、将来中学高等学校の国語科教員になるという夢があったのに英語英文学科に行こうか迷ったくらいです。

そんなこともあり、必修の二年英語の授業でジェイムス・ジョイス（James Joyce/1882–1941）の『ダブリン市民 *Dubliners*』がテキストに指定されていたときは驚くやら嬉しいやらでした。なぜなら、国語国文学科の学生はたいてい英語が嫌いで苦手で（と思われていて）、扱われるのは簡単な時事英語のテキスト、やることはただひたすら和訳、というのが定番だったからです。実際、もう一つの必修英語はそうでした。ですから、本格的な小説が英語で読めるとは思っていなかったのです。授業のご担当は、これまた語学科目には珍しいことに、詩がご専門の英文科の教授でした。

『ダブリン市民』は、二十世紀初頭のアイルランドの作家ジョイスが自身の出身地であるダブリンの街を舞台に、〈幼年、思春期、成年、社会生活〉という四つの面から、〈腐敗の特殊な臭い〉のする〈麻痺の中心〉ダブリンでの暮らしに埋没する人々の感情・愛憎・宗教・文化等を描いて〈自分の国の精神史〉の一章を書こうとした、十五の短篇からなる小説です。(1) この作品は、出てくる登場人物が後年の長編『フィネガンズ・ウェイク』や『ユリシーズ』にさまざまなかたちで反映されている点、言語実験的とも言われるジョイスの多義的な表現や文体が各編に現れている点、できごとや人物の動向、心の動きを精密に観察するなかで顕れる人物自身の気づきや精神の発露を意味する〈エピファニー〉（顕現／突然の精神的啓示）の手法で書かれている点、そしてダブリンそのものが主題である点において、ジョイス文学の出発点であり到達点を示唆する作品として評価されています。ただし、いま述べたことは実は急いで仕入れた知識で、当時の授業でこうしたジョイス文学の特徴や作品の全体像について教わったかどうかは、記憶の遠い彼方です。

授業では『ダブリン市民』十五篇のうちでも最後の短編 *The Dead*（死せる人々）を取り上げ、和訳を中心に精読していきました。そのなかで、実験的とも言われるジョイスの文体をどう訳すか、正確に訳すことと文学的に訳すことはどう違うのか、といった専門性のある内容の一端を教わることができたのです。これは一見、国文学の研究にはほとんど必要のない知識や考察のように思えます。しかし、単に単語の意味を辞書で引いて文法的に正確に訳していくだけではなく、その文章の文化的背景や作者の特質を知った上で、どういう言葉遣いで、どのような意味を当てはめて訳していくか、さらに意訳が必要なときはどのようなときか、その困難な点は何か、という問題は、日本古典文学の研究でも、特に和歌に現代語訳をつける作業のなかで常に気を遣う部分なのです。まったく違う分野ではありますが、訳出することのおもしろさと困難さを最初に教わったのは、この授業であり、この作品でした。

また、この作品は、映画の原作であった点でも私の興味に適うものでした。高校生のころから友人の影響で古い映画や単館ロードショーのヨーロッパ映画を折々観ており、そのなかにこの作品を原作とする映画「ザ・デッド *The Dead*」もあったのです。名匠ジョン・ヒューストン監督の遺作で制作は一九八七年、日本公開は一九八八年九月(2)ですから、授業を受ける前年に観ていたのだと思います。登場人物は、モーカン姉妹が家で毎年主催している舞踏会に集ったさまざまな世代の人々。数時間のあいだに彼らが繰り広げる言動から、それぞれの人生の喜びや悲哀、思想、記憶、感情が浮かび上がっては過ぎ去っていき、生の背後にある死、生者のみならず死者へと思いを致していく内容で、雪の降る寒い夜が舞台の、静謐で陰影の濃い、十代で観るにはやや大人すぎる映画でもありました。でもそのような、背のびをして観たものの原作を読めたことは幸福なできごとでした。原作を読むことで、映像の醸し出す雰囲気や託された意図に、おぼろげながら気づくことができたからです。

いま思えば、原作のある作品の映画化は、言葉で紡がれたものをどう映像にするかという点で、訳をするのにも似ている作業だと思います。この映画は、授業で原作を読む前に観て以来ですが、作品世界をどう訳すかを学んだ原点にかかわる映画ですし、歳を重ねて身近な死も経験してきましたので、いつかもう一度原作を読んでから観てみたいと思っています。

評論と研究――丸谷才一『後鳥羽院』／樋口芳麻呂『後鳥羽院』

同じく大学二年のときに履修した専門の授業に、「日本文学史概説Ⅱ」がありました。ご担当は、後に卒論ゼミでもお世話になった教授で、私が研究の道に進んでからは寺院調査に誘ってくださったり、海外の先生に引き合わせてくださったりと、いまでもお世話になっている先生です。その授業は、現代の話題からいつしか古典の常識について、たとえば京都の嵐電の駅に春になると表示される桜の開花状況の話から、勅撰和歌集の桜の歌の配列の話に展開する、といった変幻自在な講義が魅力でした。

私は現在、『新古今和歌集』という歌集の成立した時代と歌人の和歌を主に研究しており、なかでも後鳥羽院という人物を主軸にしているのですが、後鳥羽院に興味を抱いたきっかけはこの授業のレポート課題でした。課題は〝一二〇五年にまつわる文章を書け〟というもの。講義で主に扱われていたのは鎌倉時代初期に編まれた第八番目の勅撰和歌集『新古今和歌集』でしたから、その一二〇五年、和暦で元久二年は『新古今和歌集』が一応の成立を見、完成の宴を催した年であることはすぐにわかりましたが、だからといってその年のことをどう書けばいいのでしょう。

悩んだ挙げ句、私は一二〇五年に完成した『新古今和歌集』の撰進を命じ、自らも陣頭に立って編集をおこなった後鳥羽院になりきって、史実をもとに何か書いたらおもしろいのではないかと思い立ちました。そのためには、時代状況や後鳥羽院について知らないといけません。そこで図書館に行って借り出してきたのが、後鳥羽院について書かれた二冊の本でした。一冊は評論家で作家の丸谷才一（そういえば彼はジェイムス・ジョイスの研究者でもありました）が書いた『後鳥羽院』（日本詩人選10・筑摩書房・一九七三年初版、増補第二版二〇〇四年、ちくま学芸文庫二〇一三年）、もう一冊は和歌研究者の樋口芳麻呂が書いた『後鳥羽院』（王朝の歌人10・集英社・一九八五年）でした。出版不況久しい現在では望むべくもありませんが、このころは大手の出版社が日本の古典にまつわる専門的な研究を一般向けにわかりやすく示すシリーズを手がけて、大々的に出版してくれていたのです。

課題提出というゴールがあったため、二冊の読書はきわめてスムーズに進みましたが、その内容は同じ『後鳥羽院』という題名でもまったく異なるものでした。丸谷才一の『後鳥羽院』は、連歌師の古注や江戸時代の国学者の注、折口信夫の論から二十世紀モダニズムの思想やボードレールの評言まで、幅広く豊かな学識を縦横無尽に活かして後鳥羽院の和歌を解釈していきながら、同時代の歌人藤原定家を引き合いに出しつつ、両者の、和歌に向かう姿勢の本質的な違いを明らかにしていくものでした。

わたしに言はせれば、後鳥羽院は最後の古代詩人となることによつて近代を超え、そして定家は最初の近代詩人になることによつて実は中世を探してゐた。

（「へにける年」）

わたしに言はせれば、後鳥羽院は日本的モダニズムの開祖であつた。（「王朝和歌とモダニズム」）

こんな決めぜりふを随所に織り込みつつ、まるで謎解きをしていくかのような鮮やかな語り口で、歌謡性や帝王ぶりといった後鳥羽院の歌の特徴と、挨拶や儀礼といった場を重んじる宮廷和歌の本質の問題へと迫っていくのです。当時の私に、この評論に出てきた文献の内容や文芸思潮がきちんと理解できていたとは到底思えないのですが、それでも後鳥羽院が古典和歌史上、日本文学史上いかに重要な存在であるか、そして興味深い人物かということを強く印象づけるには十分の、魅力ある評論でした。

一方、和歌文学研究者の樋口芳麻呂が書いた『後鳥羽院』は、後鳥羽院の生涯に沿ってその事績を丹念にたどりつつ、関連する和歌をできるだけ多く丁寧に解釈していくという、わかりやすくオーソドックスな伝記でした。後に研究をするようになってつくづくわかったのは、この〝事績を丹念にたどる〟ことがいかに大変であるかということです。この本ではあたりまえのように、いつどこでどんな和歌行事がおこなわれ、それがどういうものか、誰が出席して歌を詠んでいるかが書かれていましたが、これは一つ二つの資料を見るだけではそう簡単にわからないのがほとんどなのです。同時代資料を多く参看し、考証を重ねて確実に言える事実を示す必要があります。和歌の解釈もそうです。この歌はどういった状況で詠まれているのか、どんな歌が下敷きになっているのか、どの表現がなにゆえ優れているのか、当時その歌がどう評価されていたか……。多くのことを検討してはじめて、妥当な解釈ができるのです。もちろん、樋口の『後鳥羽院』にも折々控えめに推論は入っていますが、それはあくまで、調査した事実から読み取れる範囲内でのものです。そして、そういった内容がつまらなかったかというと、まったくそんなことはなく、むしろ八〇〇年も昔の一人の歌人の生涯やその事績がここまで手に取るようにわかることに対して、興奮を覚えるくらいでした。

結局、私はこの二冊のうち、特に樋口芳麻呂の『後鳥羽院』を参考にしながら、一二〇五年の年の暮れを過ごす後鳥羽院になりかわって、『新古今和歌集』編纂にかけた思い、その年に亡くなった寵愛の更衣への思いなどを独白する短篇を書きました。けっこうおもしろかったらしく、先生が授業内で取り上げてくださるというおまけもつきました。

単なる一授業の一課題、しかも他愛もない創作のためでしたが、このときに同じ歌人を対象にしたまったく異なるタイプの二冊を読み込んだことが、その後研究の道に進むのにつながったのだと、いまは思います。丸谷才一の『後鳥羽院』からは、鋭い観点で、枠にとらわれずに大胆に読み解くおもしろさを学びましたし、何より後鳥羽院に対する興味がかき立てられました。折口信夫の重要性を理解したのも本書のおかげです。ただ、丸谷才一の『後鳥羽院』は、後鳥羽院や定家の和歌を現代の丸谷の目から見て、その学識に基づく価値観から評したものです。いわば丸谷の側に作品を引き寄せて論じたもので、彼にしか書けない評論なのです。

それに対して、樋口芳麻呂の『後鳥羽院』からは地道な実証研究の上に成り立つ事実と考察のおもしろさを学びましたし、そこで検討し尽くされていない事績の位置づけなどを明らかにしてみたいという気持ちを持ちました。丸谷才一が文中で樋口の研究をたびたびふまえていたのも、着実な実証研究の重要性を認識する契機になったのではないかと思います。文学作品の基礎的な研究はその作品の良さを失わせる、などと言う人もいますが、実証研究なくしては作品の鑑賞も評論も創作も書けないのです。その点に、私は魅力を感じました。

実際に後鳥羽院自身の研究にとりかかったのは修士論文のときからですが、この二冊は私の研究の原点になっています。ちなみに、課題を書こうとした当初は図書館で借りましたが、その後丸谷の『後鳥羽院』は大学近くの古本屋で、樋口の『後鳥羽院』は新刊で購入し、大切に手許に持って、いまでも活用しています。

おわりに

すでにおわかりのように、取り上げた本はすべて大学の授業をきっかけに手に取ったものでした。なんだ、授業や課題に関係する本しか読んでいなかったんじゃないか、と思われるかもしれませんが、もちろんそんなことはありません。高校・大学にかけてはかなりの冊数の近現代文学作品を読んでいましたし、古典の評論なども読んでいました。授業や課題に関する本ばかりになったのは、おそらくそれがなければ向き合わなかった本、課題があったからこそ出会えた本ということで印象深かったからだと思います。また、思い出話とともに書いたように、本を読んだ記憶がそのまま当時過ごした時間の記憶につながり、さらにはいまの自分にもつながっていたからだとも思います。

本はモノとしてはたかだか数百グラムの紙の束ですが（重たい辞典なら一キロ超えるかもしれませんが）、ひとたび開けばあらゆる世界に導いてくれる魔法の紙の束です。ある本との偶然の出会いがその後の人生に影響を与えることもあります。みなさんも、まったく興味がない分野で課題が出て本を読まなくてはならなくなったときには、ぜひ嫌がらずに取り組んでみてください。もちろん、課題以外にたくさん本を読むのもお忘れなく。

（1）〈　〉内は一九〇五、六年にジョイスが出版社グランズ・リチャーズに宛てた書簡の言葉による。『ダブリン市民』新潮文庫・安藤一郎・一九七一年改版解説参照。以下〈　〉で引用するのも同様。
（2）ウィキペディア「ザ・デッド／ダブリン市民より」項参照。

自国史を越えた歴史教育

川喜田　敦子

学部時代のレポート作成

大学に入って、初めてレポートを書いたのはいつ、どんなテーマだったか覚えているだろうか。四半世紀以上も前のこととなると、私自身は正確なことはもはやほとんど思い出すことができないが、学生時代にいくつか印象に残っているレポート作成体験がある。

真っ先に思い出すのは、一年次の選択必修の言語学のレポートをかなり一生懸命に書いたことである。一学期間に提出した数点のレポートのうち、とくによい評価をもらった二点を当時の私は保存することに決めたらしい。今回、本章を執筆するにあたって大学時代の記録を調べたところ、ファイルのなかから発見された。

また、当時、日本の社会で広く使われるようになりつつあった「ジェンダー」という概念を掲げて行われた自由選択の輪講の授業で、レポート提出後に講評会が開かれ、講師をつとめた先生方が、それぞれご自分の担当回に関連して提出されたレポートのなかから優れたものを紹介してくださったこともあった。そこで紹介された一学年上の上級生のレポートが、学生の書いたものとは思えないほどに素晴らしく、すでにして「研究」に近いことができる同年代の学生がいるということに衝撃を受けるとともに、強い羨望の念を抱いたことを今も鮮明に思い出すことができる。

初めての長編レポート

私が大学時代に受けたレポート作成に関する教育は、「習うより慣れよ」に近いものがあった。それだけに、学部生の頃には、今となっては思い出すだけで恥ずかしくなるようなレポートを何本書いたことか分からない。そのなかで、初めて多少なりとも本格的なレポートを書くことを課せられたのは学部三年次の終わりだった。

学部三年次が終わる頃と言えば、四年次に卒業論文の執筆を控えて、テーマを選びはじめる時期である。二年次後半からドイツ地域研究の学科に進んだ私は、授業を受けるなかで、ドイツの現代史、とくに第二次世界大戦後のドイツがナチズムと戦争の過去にどのように取り組んだかというテーマに関心をもつようになっていた。そのため、学部三年次を終えるにあたって、四〇〇字詰原稿用紙換算で二〇枚の自由題のレポートを書くようにという課題が出されたときに、私は、ドイツが行っていた「国際教科書対話」をテーマとして選んだ。正直に言えば、レポートに具体的に何を書いたかは今となってはもう思い出すことができない。レポートそのものも、——一年次に書いた言語学のレポートとは違って——引越しを繰り返すうちに紛失してしまったようである。しかし、このレポートの作成が私にとってひとつの転機となったことは間違いない。

このレポートを「転機」と呼んだことには三つの意味がある。第一に、自分でテーマを選び、それについて考えるということを初めて面白いと思ったのがこのときだった。四〇〇字詰原稿用紙換算で二〇枚という長さは、私にとっては、それまでに書いたレポートのなかでは際立って長かった。最初はどうなることかと思ったものの、いざ書きはじめてみると、思ったほどには大変でなかったどころか、意外に面白く作業を進めることができた。

第二に、大学院への進学という選択肢を真剣に考えるようになったきっかけは、思い返してみれば、このときにあったのだと思う。このレポートを作成したときには、提出後に担当の先生が面談でフィードバックをしてくださった。自分の研究活動に対して教員からマンツーマンの指導を受けたのはこのときが初めてだった（このときに指導してくださったのは、奇しくも、ジェンダー論の輪講のフィードバックで、私に大きな衝撃を与えたレポートを紹介された先生だった）。初めてのマンツーマンの指導で、具体的に教わったこともいくつかあったが、それ以上に私にとって重要だったのは、なかなかよく書けているという評価をいただいて単純に嬉しかったということと、研究の道に進んでもやっていけるのではないかということを先生がそれとなく示唆してくださったように感じたことである。大学院への進学を最終的に決めたのは四年次の夏だが、そのときにそれほど迷うことがなかったのは、この頃から少しずつ進学という道をイメージしはじめていたことも理由のひとつだったのだろうと思う。

そして第三に、最も大事なのは、その後現在にいたるまで長く付き合い続けることになる「ドイツの歴史教育」というテーマに出会ったことである。本章で取り上げる『自国史を越えた歴史教育』

（三省堂、一九九二年）という本は、まさにそのテーマについて扱った本だった。

『自国史を越えた歴史教育』――ヨーロッパの国際教科書対話

『自国史を越えた歴史教育』は、私がこのレポートを書く三年ほど前に、ドイツ現代史の大家である西川正雄氏を編者として出版されたものだった。この本は全三部からなる。第Ⅰ部「日本＝韓国の対話」は、一九九一年七月にソウル（韓国）で開かれた「日韓歴史教育セミナー」の記録であり、セミナーの報告とコメント、討論の記録、参加記が収録されている。第Ⅱ部「ドイツ＝ポーランドの対話」には、一九七二年に西ドイツとポーランドの間で始まった国際教科書会議に関する論稿がまとめられている。そのうえで、第Ⅲ部「自国史を越えた歴史教育」には、「歴史教育をめぐる隣国との対話」と題された編者の総括的な考察が収められている。

『自国史を越えた歴史教育』で取り上げられた二つの会議は、近現代史において支配＝被支配の関係を経験した隣国どうしが、その歴史を含めて、自国の歴史認識を隣国との対話のなかで見直そうとする試みだったという点で共通している。自国の歴史教育を国際的な協力関係のなかで形づくっていこうとする試みの端緒は一九世紀末にさかのぼる。この時期には、ナショナリズムが高揚するなか、近代化し、義務教育制度を整えた国家が、自国に都合のよい歴史を国民に教えこみ、それがひいては国民の戦争動員にまでつながっていくという現象が見られた。そうした歴史教育のあり方に最初に警鐘を鳴らしたのは、欧米の平和主義運動と労働運動だったといわれる。とくに、第一次世界大戦終結後には、総力戦のもたらした惨禍を前に、教育・文化面でも平和を求める活動が活発化し、国際連盟の後ろ盾を得て、いくつかの地域で歴史教育をめぐる対話が展開された。

ヨーロッパでは、ドイツとフランスのあいだで国際教科書対話が始まった。ドイツでヒトラーが政権を掌握したのは一九三三年である。そのことを考えると驚かれるかもしれないが、独仏間では、一九三五年に、歴史教科書の記述をどう改善すべきかという勧告を両国が互いに出し合うにいたった。この時期の対話には限界があったが、独仏間の対話は西ドイツ建国直後に再開されることになった。第二次世界大戦後のドイツは、フランス以外にも、ポーランドやイスラエルをはじめとして、多くの国とのあいだで国際教科書対話を重ねてきた。第二次世界大戦後の国際教科書対話に中核的な役割を果たしたのはゲオルク・エッカート国際教科書研究所である。この研究所は、一九五一年に当時は西ドイツだったブラウンシュヴァイクに設立され、現在は欧州評議会の諮問機関にもなっている。

『自国史を越えた歴史教育』の第Ⅱ部で扱われた西ドイツ＝ポーランド間の教科書会議は、第二次世界大戦後のヨーロッパにおける和解の試みの代表例として日本でもよく知られる。これは、歴史問題を抱える西ドイツとポーランドが、冷戦下の東西対立のさなかにあって別の陣営に属しながらも、教科書をどのように書けば、お互いに受け入れられる記述になるかという話し合いをもったものである。日本では歴史教科書をめぐる対話に注目が集まるが、地理の教科書についても同様の対話が行われた。

両国の代表からなる共同教科書委員会が設置されたのは一九七二年だった。これは、西ドイツ初の革新政権であるブラント政権が一九七〇年にポーランドとの間でワルシャワ条約を締結し、両国のあいだで懸案となっていた領土問題が暫定的な解決をみたことで対話が可能になったものである。西ドイツ＝ポーランド共同教科書委員会は、その後、五年間にわたって議論を重ね、その成果は、歴史と地理のそれぞれの教科書執筆者に向けた勧告という形で一九七六年に公表された。

歴史の場合には、ドイツとポーランドの関係史から両国の見解が対立する二六の項目を選んで議論が行われ、それぞれの項目について、両国の歴史教科書にどのように記述することができるかを示す勧告がまとめられた。二六項目のなかには、古代や中世のテーマもあれば、ナチ・ドイツによるポーランドの侵略と占領も含まれており、第二次世界大戦後の国境変更とそれにともなう強制移住のように、領土問題という現実の政治的争点と密接にかかわる問題も含まれていた。

共同教科書委員会の活動はその後も今日にいたるまで続き、近く、五〇周年を迎えようとしている。共同教科書委員会を中心に、近年、七〜一〇年生（日本の中学一年生から高校一年生）向けに、ドイツ語とポーランド語で全く同じ内容の共通歴史教科書（全四巻）を作成するプロジェクトが進んでいたが、二〇二〇年夏に最終巻が刊行され、プロジェクトがついに完結を迎えたところである。

国際教科書対話と東アジアの私たち

ヨーロッパで西ドイツ＝ポーランド共同教科書委員会が勧告公表というひとつの目に見える成果を出した後、一九八一年には西ドイツ＝フランス間で第二次世界大戦後としては第三期目にあたる国際教科書対話が始まり、同年にはさらに西ドイツ＝イスラエル間でも国際教科書対話が実現するにいたった。翻ってアジアでは、アジア侵略に関する日本の歴史教科書の記述をめぐって東アジア諸国とのあいだで軋轢が生じ、外交問題となったのが一九八二年だった。

東アジア諸国から批判を受けるなか、日本では、『自国史を越えた歴史教育』の編者である西川氏らが中心となって、一九八二年に「比較史・比較歴史教育研究会」が発足し、その後、東アジアにおける歴史対話を進める重要なアクターのひとつとして活動していくことになった。一九八四年と一九八九年には中国と韓国から歴史家を招いて「東アジア歴史教育シンポジウム」が開催され、その蓄積の上に開かれたのが、『自国史を越えた歴史教育』の第Ⅰ部で取り上げられた日韓歴史教育セミナーである。この会議では、西ドイツ＝ポーランド教科書勧告への強い関心が示されたとされる(p.ii)。同時期の西ドイツの活動が東アジアの対話に大きな刺激となっていたことが分かる。

東アジアの歴史対話はその後大きく進展し、君島和彦氏を中心に編集された副教材『日韓交流の歴史　日韓歴史共通教材　先史から現代まで』(歴史教育研究会編、明石書店、二〇〇七年)や『学び、つながる日本と韓国の近現代史』(日韓共通歴史教材制作チーム編、明石書店、二〇一三年)、日中韓三国共同歴史教材委員会の編集による副教材『未来をひらく歴史　東アジア三国の近現代史』と、そこから発展した『新しい東アジアの近現代史(上下巻)』(日本評論社、二〇一二年)など、国際的な対話と協力から生み出された多くの成果を私たちは手に取れるようになった。また、そうした歴史研究者らの対話と交流の蓄積とは無縁のところで進められた政治的プロジェクトとしての色彩が強いが、国が主導するかたちでの日韓（二〇〇二―二〇一〇）・日中（二〇〇六―二〇〇九）の歴史共同研究も行われた。しかし、東アジアでは、大衆文化のレベルでの交流も人の交流も拡大した反面、昨今、内向きのナショナリズムを基調とする言説が力をもつなかで、相互関係の根底に横たわっている困難な問題と正面から向き合って相互理解に向けて互いに近づこうとする機運はむしろ失われてきているように思われる。

『自国史を越えた歴史教育』は、東アジアで歴史対話の試みが始まった初期の頃の活動の記録であり、ここには、（西）ドイツを中心とするヨーロッパの歴史対話の動きに触発されて東アジアで活動に取り組んだ研究者・教員らの当時の考察がまとめられている。とくに、編者が著した巻頭のことばや、第Ⅲ部の考察「歴史教育をめぐる隣国との対話」は、今改めて読み返しても考えさせられる示唆に満ちている。そのうちのいくつかをご紹介しよう。

> 支配した集団と支配された集団の間では、歴史認識には大きな違いがある。その違いを率直に対話に載せてはじめて、相互理解も可能になるのではなかろうか。（p.iii）
>
> 国民によって異なる見解の間に歩み寄りがあるとすれば、何らかの同じ人間としての共通の土俵があるからである。その土俵が、国を越え、地域を越えて広がっていくならば、国民相互の偏見は減っていくであろう。［……］しかしそのことは、ゆくゆくは世界中で通用する一つの教科書

の作成を目ざすということでは決してない。(p. 275)

歴史研究と歴史教育は、いかなる政府であれ、政府からは自由でなければならないし、教科書は多様であることが望ましい。(p. 276)

これらの言葉からは、対話の意義を説きながらも安易な合意や妥協を許さず、同じ認識にいたることを目指すのではなく、違いがあってなお共存するという地平にあえて留まろうとする編者の姿勢が見えてくる。

『自国史を越えた歴史教育』の出版から二〇年近い年月が流れ、時代は変わった。世代も変わった。しかし、再び対立の度を深める今日の東アジアにあって、私たちは、今一度、対話へと舵を切りなおさなければならない時期にきているのではないだろうか。そのときに、対話の始まりにあった考え方の基本を改めて見返すことには少なからぬ意味があるのではないだろうか。

ナショナル・アイデンティティの相応の部分が今も自国の歴史から汲みだされているとして、自国史――とくに負の歴史――とわれわれはどう向き合うべきなのか、異なる歴史認識をもつ者どうしがどのように理解しあい、共存していくのか。過去の問題が、単なる認識や記憶の問題を越えて、現実の領土や補償の問題と絡み合うときに、私たちはどう判断し、行動すべきなのか。こうした問いに答えはない。しかし、原点に回帰したくなるとき、私は『自国史を越えた歴史教育』の問題意識に立ち戻り、そこに綴られた言葉を思い出す。

研究の道へ――歴史教育から歴史研究へ

三年次終了時のレポートで『自国史を越えた歴史教育』という本と、歴史をめぐる国際教科書対話というテーマに出会った私は、そのレポートの延長線上に、西ドイツ＝ポーランド国際教科書対話を卒業論文のテーマとして選び、四年次の夏には、ゲオルク・エッカート国際教科書研究所に併設された教科書図書館に一カ月間滞在し、調査を行った。これは、西ドイツ＝ポーランド歴史教科書勧告が出される前後の歴史教科書を比較し、勧告――公表はされたが拘束力はもたなかった――が、西ドイツの歴史教科書にどのように反映されたり、されなかったりしたのかを調査したものである。

図書館の片隅に机をもらい、研究員の方から参考文献の紹介を受けたり、同時期にオポーレ大学（ポーランド）から来られて研究所に滞在されていた先生にポーランドの歴史教育について教えていただいたり、おやつの時間には司書の方に紅茶とクッキーを出してもらったりしながら進める作業は、面白いほどにはかどった。卒論は調査報告を越えるものではなかったが、うなるほどの資料が手の届くところにあるなかで、自分の興味関心の赴くままにひたすら調査し、まとめていく作業は、ただ楽しかった。学位論文には、卒業論文、修士論文、博士論文があるが、一番楽しめたのはどれかと聞かれれば、私は迷うことなく、卒業論文、と答えるだろう。この幸せな経験が、大学院進学の意志を固める決定的な契機になった。

大学院での研究テーマも、卒業論文を書くなかから浮かび上がってきた。それは、第二次世界大戦における加害国ドイツの被害体験という問題である。歴史問題と言うと、近現代史のなかの被害＝加害関係の事実認定から争うというイメージがあるかもしれない。だが、西ドイツ＝ポーランド間の対話では、ナチ時代のポーランド占領支配の被害と加害に直接にかかわることは対話の場ではそこまで議論にならなかった。これは、西ドイツでは、一九五〇年代末から六〇年代にかけて、ナチ時代のドイツの行為は批判されるべきものだったという合意が成立し、ナチ・ドイツが目指したものとは違うものを目指し、違う価値を尊重するのがナチ体制崩壊後の西ドイツの新たな体制だ、という規範が内面化されていたことによる。したがって、ナチ時代の加害行為をめぐる記述については、勧告が公表された後も西ドイツ国内で大きな批判は出なかった。

これに対して、批判を集めたのは、ドイツの被害をどう扱うかだった。なかでも議論になったのは、ドイツ系住民の「追放」をめぐる記述である。「追放」とは、第二次世界大戦後に、東欧一帯に住むドイツ系の住民がドイツへと強制的に移住させられたことを指す。全体で一二〇〇万人を超えるドイツ系住民が財産を没収されて移住を余儀なくされ、途中、略奪や暴行、寒さと飢えによる衰弱などによって、多くの死者を出した。

第二次世界大戦はドイツによるポーランド侵攻によって始まった。占領下に置かれ、多数の市民を殺害されたポーランドは第二次世界大戦のまぎれもない被害国である。しかし、この「追放」についていえば、ポーランドは、他の東欧諸国とならんで「追放」を執行した側であり、そこで犠牲になったのはドイツ系の住民だった。被害と加害が錯綜するなかで、ドイツ人の被害体験をどう記憶すればよいのか。これは、現在にいたるまで、ドイツ＝ポーランド間にくすぶりつづける問題である。

西ドイツ＝ポーランド歴史教科書勧告では、「追放」については、疎開・逃亡の時期、追放の時期、強制移住ではあったが連合国の協定にしたがって移住措置がとられた時期、家族の合流のための移住・出国が行われた時期など、時期ごとに細分化した説明が試みられた。これは、今日の視点から見ても冷静な記述といえる。しかし、当時の西ドイツでは、勧告ではドイツ人の被害が十分に記述されていないという批判にはじまり、それを理由に、ポーランドと対話すること自体を無駄と評したり、対話全体を失敗と断じるような論調も見られた。批判の急先鋒となったのは、かつて「追放」によって東欧から追われた人々が西ドイツで結成した圧力団体だった。

この状況を踏まえて、私の関心は、勧告の作成とその後の受容の過程において最大の争点になった「追放」とその被害者たちのその後を歴史的に考えることに向かった。これは、社会における歴史認識や記憶の様態を考える前に、歴史的事実そのものを知る必要があると考えたためである。こうして、私は、国際教科書対話というテーマから発展して、二〇世紀のヨーロッパにおける人の移動という新しい研究テーマを見つけるにいたったのである。

この後、大学院時代に、私はしばらく歴史教育というテーマからは離れることになった。しかし、「追放」というテーマを選んだのは、加害国の被害をどう考えるかという問題が、私自身が育ち、暮らし、発言する日本の社会にあって、今なお重要なテーマだと考えたためでもあった。ドイツについて考えることが、日本について、アジアについて考えることにつながるものでありたいという思いは、以来、一貫して、私の問題関心と研究姿勢の根幹をなしている。『自国史を越えた歴史教育』が、ヨーロッパの現象を取り上げつつも、日本とアジアの今を考えようとする問題意識に貫かれていたことを思い起こすとき、その意味でも、この本は、まぎれもなく私の研究者としての出発点のひとつだったのだと気づかされる。

【参考文献リスト】

川喜田敦子『ドイツの歴史教育』(白水社、二〇〇五年、新装復刊版二〇一九年)。

同『東欧からのドイツ人の「追放」 二〇世紀の住民移動の歴史のなかで』(白水社、二〇一九年)。

近藤孝弘『国際歴史教科書対話 ヨーロッパにおける「過去」の再編』(中公新書、一九九八年)。

同『ドイツ現代史と国際教科書改善 ポスト国民国家の歴史意識』(名古屋大学出版会、一九九三年)。

西川正雄『自国史を越えた歴史教育』(三省堂、一九九二年)。

Gemeinsame Deutsch-Polnische Schulbuchkommission (ed.), *EUROPA. Unsere Geschichte*, Vol. 1–4, Wiesbaden: Eduversum, 2016–2020.

Empfehlungen für die Schulbücher der Geschichte und Geographie in der Bundesrepublik Deutschland und in der Volksrepublik Polen, Braunschweig: Georg-Eckert-Institut für Internationale Schulbuchforschung, 1995.【西ドイツ＝ポーランド教科書勧告(一九七六年)】

コラム

一番目の読者

佐々木　鞠華

この本は、「二〇歳前後に読んだ一冊」「多様な執筆者による多様な思想」をテーマに作成を始めました。私は東京大学准教授の川喜田敦子先生と、中央大学文学部教授の縄田雄二先生を担当しました。

お二人に原稿の執筆を依頼するにあたり、「二〇歳前後に読み影響を受けた本」「強く印象に残っている本」を、当時を振り返りながら紹介してほしいとお願いしました。このような依頼のメールを送ることは初めてで、拙い文章であったにもかかわらず、川喜田先生からはご快諾のお返事をいただきました。縄田先生は、はじめはお断りされたのですが、その後もしつこく依頼をしてしまい、最後は縄田先生が折れてくださりお引き受けいただきました。

川喜田先生には、大学三年生のときに「国際歴史教科書対話」に関するレポートを書いたときに読んだ本を紹介していただきました。このレポートは現在の研究テーマにつながっているそうです。

コロナ禍のなか、大学に入学したばかりの私にとって、次から次へと課されるレポートに戸惑う日々を過ごしていました。そんなとき「大学時代に受けたレポートに関する教育は、『習うより慣れよ』に近いものがあった」という川喜田先生のお話は、先輩から授業や課題について聞いている気分になり、とても新鮮でした。これからの大学生活や進路選択に参考になる話がたくさんありました。

また自分でテーマを選び考えることをおもしろく感じた、といったお話は、学位論文の中で卒業論文が一番楽しめた、といったお話は、レポート課題で何について書いていいか分からず苦戦している私には信じられないものでした。しかし、与えられた課題をただこなすより、そこから自分の興味関心の持てるテーマを探そうと意識してみると、課題への取り組み方も変わってきたように思います。

縄田先生には、中学一年生のときに自分自身の住む世界に気づき、その世界の構図を変えるきっかけとなったデカルトの話を中心に、たくさんの本や詩を紹介していただきました。

いただいた原稿を読み終えた後、私は、縄田先生に大切なタイムカプセルを無理矢理に開けさせてしまったのではないか、デカルトと出会ったときから現在までの縄田先生の心の中の一部を覗いてしまっているのではないかと、申し訳ない気がしました。

編集をする上で、先生がその本を読んだときにどんな心境だったのだろうか、その本からどんな影響を受けたのだろうか、考えなければいけませんでした。しかし、原稿から、縄田先生が大切にされてきた「先生とデカルトの対話」の中身を読み取ろうとする行為自体が、先生が一度依頼を断られたときに懸念されていたことではないかと思い、ためらいから作業に取りかかるのに時間がかかりました。

しかし、こうした葛藤があったので、編集に対してそれまで以上に真剣に取り組もうと思い、そしてその意識を最後まで持ち続けることができました。

編集について、私は読書が好きなので、授業で体験することができたら楽しそうだと、簡単

コラム

に考えていました。しかし実際に始めてみると、制作する本のテーマ決めや、執筆者の選定・依頼、本のタイトル考案など、次から次へとやらなくてはいけないことが出てきて、自分の考えが甘かったことに気づかされました。

編集作業でとくに大変だと感じたことは、学生間で情報を共有することでした。六人の学生がそれぞれ一人から二人の執筆者を担当し、オンラインでの授業の時だけでなく、授業外にも連絡をとり合い、それぞれの進捗状況の確認や情報の共有をしました。しかし、共有した情報をみんなが同じように理解し、それぞれの作業への反映のさせ方に違いが出ないようにと、細かく確認を重ねなければならず、編集の難しさを感じました。

他の人の作業を把握し、自分に与えられた作業をしていく中で、編集はチームで行っているのだと実感し、たくさんの人の手で本は作られているのだと、身をもって知ることができました。

今、編集作業を振り返ってみると、あっという間でありながらも濃密な一年間だったと感じます。語り出したら収まりきらないほどの作業や話合いを重ね、時間をかけて読み込んでいく中で、すべての原稿に愛着が湧き、この本の一番の読者は誰かと聞かれたら、私たち編集者だと自信をもって答えられます。

学部や学年の異なる人たちや、プロの編集者の方々といっしょに作業をする、このような経験を、大学一年生のうちにできたことをとてもうれしく思います。この経験は、必ずやこれからの自分自身にプラスになるだろうと思います。

二〇歳前後にどんな本を読んだか
——書物と人々の記憶——

大田美和

二〇歳前後に私はいったいどんな本を読んだのだろうか。既刊四歌集と現代詩・エッセイを収録した『大田美和の本』の巻末の「大田美和自筆年譜」に、読書についての記述があるので、それに少し加筆して示してみたい。

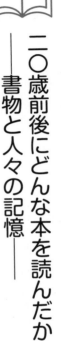

自筆年譜にあげた本

一五歳～一七歳（一九七八年から八〇年）マーガレット・ドラブルなどの現代イギリス小説の翻訳、およびイギリス文学の研究書。トーベ・ヤンソンのムーミンシリーズの英語訳（パフィン・ブックス）。『枕草子』。『更級日記』。与謝野晶子の現代語訳の『源氏物語』。アレクサンドル・デュマ作、鈴木力衛訳『ダルタニャン物語』全一一巻。J・R・R・トールキン『指輪物語』。トルストイ。チェーホフ。リチャード・アダムス『ウォーターシップ・ダウンのウサギたち』（日本語訳および原書）。

一八歳（一九八一年）（大学浪人時代）。井上ひさしの戯曲『イーハトーボの劇列車』。トマス・ハーディ『テス』。中央公論社の「世界の歴史」シリーズと「日本の歴史」シリーズ。

一九歳（一九八二年）（大学一年生）。ピーター・シェーファーの戯曲『アマデウス』（※この年、池袋のサンシャイン劇場で江守徹と松本幸四郎（現在は松本白鸚）共演の舞台を見に行った）。山脇百合子『英国女流作家論』（授業の教科書）。

二〇歳（一九八三年）（大学二年生）。北欧神話、アーサー王伝説、ローランの歌（※この年の春に、所属していた大学の混声合唱団がホルストシュタイン指揮のＮＨＫ交響楽団と共演し、ワーグナーの楽劇の名場面を歌ったことがきっかけ）。ドストエフスキー、ロマン・ロランの長編小説。T.S. Eliot の詩と評論（原書）。ペンギンブックスの二つの詩のアンソロジー（両方とも教科書）。萩原朔太郎『詩の原理』。

二一歳（一九八四年）（大学三年生）。プーシキン詩集。アーサー・ミラー『セールスマンの死』など、詩や戯曲の原書。（古書店街で買い集めた）現代詩文庫、現代歌人文庫。

以上の記録は、日記やノートから写したのではなく、記憶に基づくもので、当然ながらこれが読んだ本のすべてというわけではない。たとえば、私が大学に入学した年には、高校の日本史の検定教科書の「侵略」の記述を「進出」に書き換えるようにという指導が文部省（現在の文部科学省）によって行われるという事件があり、当時まだ教科書裁判中だった歴史学者家永三郎さんの門下の研究者の講演「歴史家はなぜ侵略にこだわるのか」がキャンパスで開かれて、参加し、会場で売っていた新書を購入して読んだことはこの記録からは落ちている。それは、十五年戦争についての本と、教科書裁判に関わる本で、著者名も書名も忘れてしまったが、戦場での負傷部位別の死ぬまでの時間の調査記録があって、歴史学とはこのような問題も扱うのかと驚いたことを覚えている。

「自筆年譜」には、このあと読んだ本の記載がない。二一歳の秋に初めて作った相聞歌が朝日新聞「朝日歌壇」に掲載されたので、歌人の自己形成における読書の果たした役割を考えるということでは、これで十分だろうという判断だったのだろう。その後の読書は、大学院進学、大学への就職によって、読まなければならない本が読みたい本よりも増えたということもある。

私の学部時代は、混声合唱団に所属して週三回練習し、たまに白山の三百人劇場や六本木の俳優座や銀座のセゾン劇場などで英米の現代劇やシェイクスピア劇の上演を見たり、西早稲田や神保町の古書店街で古本を買ったりするような日々だった。大学浪人中に立てた「生で芝居を見る、合唱団で歌う」という目標を実行したのだった。そして大学三年生になる前に、自分が大学で本当にやりたかったのは何だったのかと立ちどまって考えて、一人暮らしを始めて、読んだり書いたり考えたりする時間を徐々に増やしていった。

『碾臼』と『更級日記』

最近、Twitter のタイムラインに、「高校生の頃、大学院というものがあることを教わっていたら、自分の大学生活も人生も変わっていたのに」という述懐が流れて来た。家族にも親戚にも大学卒業者がほとんどいなかった私の場合は、大学院というものを、いつどのような形で知ったのだろうか。振り返ってみると、高校生のとき、本屋でたまたま見つけた、マーガレット・ドラブルの小説『碾臼』がきっかけだったと思い出した。

その本屋とは、高校のあった藤沢の駅前の有隣堂書店である。神奈川県の有名な書店チェーンだ。電車通学するようになった最大の喜びは毎日学校の帰りに書店に寄れることだった。本好きの友人から「立ち読み」という本の読み方を教わった。商品を買わないのに読んでいいのかと思ったが、その店で月に何冊かは文庫本や雑誌を買うので店に迷惑はかけないだろうと思うことにして、毎日一時間は書店に滞在するようになった。

『碾臼』は、英国の作家マーガレット・ドラブルの第二作である。恋人ではない男と成り行きで、たった一度、人生で初めてのセックスをして妊娠してしまい、一度は中絶を考えるが、出産することを選び、未婚の母になるという物語だ。ヒロインのロザモンド・ステイシーは大学院生で博士論文の執筆中という設定だった。ヒロインの父親は大学教授で、妻を伴って南アフリカの大学に長期出張中で、ヒロインは両親の所有するマンションを一人で好きなように使えるし、生活費には困っていない。というところは、自分の家庭環境とはあまりにもかけ離れていたが、文学研究というものがこの世の中には存在すると知ったことは将来について考える上での希望になった。自分に研究能力があるのかはわからないが、大学院に進むことができれば、大学の学部四年間の後にさらに数年間読んだり考えたりする時間が得られるとわかったのだ。

日本文学と英文学

私の学んだ大学の文学部では、一年生の秋に二年次以降の専攻を決めることになっていた。日本文学か英文学かで迷っていた私は、源氏物語の先生と現代イギリス小説の先生の研究室を探して訪ねた。と言っても、五里霧中というわけではなかった。自分が大学の教師になってわかったことだが、学生が教師に何か相談するとき、たいていの学生はすでに答えを持っていて、迷っている自分の背中を最後に一押ししてもらうために、相談に行くという形を取ることが多いものだ。私もそうだった。

この頃、例の立ち読みを教えてくれた友人が、専門を当時人気の出始めていた社会学から日本文学、源氏物語に変更していた。高校時代には、一五歳になっても一向に美しくなる気配のない自分たちのことを、「盛りにならば、容貌も限りなくよく、髪もいみじく長くなりなむ。」(『更級日記』)とふざけて慰め合った仲だったから、進路変更を知らせて来た手紙に、「文学に戻って来てくれて嬉しい」と返事を書いた。そして彼女が源氏のほうに進んだのなら、私がそちらに進む必要はないように思われた。この友人は今では源氏物語の研究者になっている。

『更級日記』とテクストという織物

高校時代に受講した、Z会の通信教育の副読本に、あるとき『更級日記』についての読み物が掲載された。それは、作者とされる菅原孝標女の、文学に夢中になりすぎて信心を怠った若き日の反省という見かけ上の主張と、それとは裏腹な、文学にかまけた日々の無上の喜びの記憶という二つの流れがこの小さな作品世界を作っていることを論じているエッセイだった。署名記事ではなかったが、読み応えがあって繰り返し読んだ。おそらく、通信教育の問題作成に携わった若い大学講師か予備校講師が自由に書けるページに、自分の研究ノートとして書いたものだったのだろう。そのときすぐ、このようなものを書いてみたいとはっきりとは思わなかったが、文学テクストという精妙な織物を構成する経糸横糸様々な糸を読み解く姿勢と醍醐味のようなものを教わったと今にして思う。

時代と社会の主な潮流と作家の信念と仕事を丁寧に読み解く作業と言えば、法学部と文学部で教えた、中央大学名誉教授の森松健介先生のトマス・ハーディについての仕事が、まさにそのようなものであった。人間の真実を書くためには性の問題を避けて通ることはできないと考えたハーディが、ヴィクトリア朝の性を忌避する社会と文化の中で、どのように表現活動を行ったかという研究である。これは商業的な成功と、芸術的達成と、芸術表現を通した社会変革の三つを同時に実現することは可能かという、今に続く問題だ。森松先生は二〇一九年に逝去されたが、先生の知的好奇心と旺盛な出版活動から私は今も影響を受け続けている。数多いご著書の中から、『トマス・ハーディ　全小説を読む　簡約教科書版』と、『ヴィクトリア朝の詩歌』第一巻をあげておく。中央大学図書館の広報紙「MyCul」(まい・くる) 11号に寄稿された「美の魔術師ウィリアム・モリス：新たな春を迎えた学生諸君へ」は、バレエや音楽や美術など美しいものを愛された先生の、薫り高い名文であり、一読をおすすめしたい。

「現代イギリス小説」の授業

『碾臼』の翻訳者である小野寺健先生には、大学院に進学したとき、自分は勉強が不足しているという自覚と、他大学の専任である先生が講師として教えに来ていると知った喜びから、先生が担当する学部の授業を履修した。毎回異なる現代イギリスの小説を読む授業だった。取り上げられたのは、アニタ・ブルックナーの『秋のホテル』や、ジョン・ファウルズの『フランス軍中尉の女』、カズオ・イシグロの『遠い山なみの光』など登場したばかりの新しい作家たちの作品だった。そのとき読んだ衝撃がその後も続き、人間のなしうる残虐な所業の表象として記憶に残ったのは、D・M・トマスの小説『ホワイト・ホテル』に描かれたウクライナのバビヤールにおけるユダヤ人虐殺の場面である。

小野寺先生の授業では、現代イギリス小説の優れた紹介者である先生の解説も聞きごたえがあったが、出席した学生も作品についての感想を求められた。ある学部生が主人公ではなく脇役に注目した読み方をしたときに、先生はその着眼点を大いにほめた。ただ一人の大学院生であった私は、授業中たびたび指名され、「最近出版された○○という本を読みましたか」と、原書和書問わず、読んで当然と言わんばかりの質問を毎回されるので、学部生の手前、さすがにまだ読んでいませんとは言えず、神保町の書店に行く回数と読むスピードが増して、大いに鍛えられた。

この後、小野寺先生の最大の業績であるE・M・フォースター研究は、中央大学文学部で「現代イギリス小説」の授業を担当したときに、講義準備の上で指針となった。私の講義に触発されて、卒業論文で小説『インドへの道』に取り組んだ学生が現れたのは嬉しかった。

マーガレット・ドラブルについては、初めの数年は憧れとともに、研究対象にしたい気持ちもあった。しかし、時代の変化にともなって変化した彼女の小説を私はあまり評価できなかった。来日したドラブルの講演会の、作家津島佑子との対談は興味深かったが、上の世代の研究者たちの熱狂を醒めた眼で見た。皆が研究したいなら別に私がやらなくてもという感じだった。そのうちに、ドラブルの姉のA・S・バイヤットの小説と文学評論のほうが面白くなり、論文を書こうか、英国まで行ってインタビューしようかなどと考えているうちに、第一歌集の出版、大病、結婚、療養と快復、就職、出産、育児と追われて、結局バイヤットについてもドラブルについても、論文は書いていない。

『英国女流作家論』と山脇百合子先生

大学二年次に英文学を選んだ理由の一つは、大学一年生のときに「モグリ」で出た授業「英国女流作家論」の影響が大きい。その授業の教科書だった『英国女流作家論』は隅から隅まで繰り返し読んだ。上品な薄紫色の布カバーの本で箱入りだった。担当の山脇百合子先生の研究手法はいわゆる印象批評であったが、文学研究入門には最適だった。

芥川龍之介の演習

この授業に「モグリ」で出たのは、選択必修の演習科目なのに授業形式が講義であったからだ。研究発表をしたかった私は、同じ「教養演習」という科目の「芥川龍之介演習」に履修登録した。その授業では、学生の発表の他に、佐々木雅発先生の講義があり、当時の芥川研究の第一人者である三好行雄の学説に若い先生が全力で異議を唱える様子が面白かった。発表は、『奉教人の死』を担当することになり、この短編の種本を求めて国立国会図書館まで行ったが、いい発表はできなかった。当時私のいた大学では、大学院生や教員の利用できる図書と、学部生が利用できる図書が区別されており、インターライブラリーローンの制度はまだなかったので、本一冊入手するのにずいぶん苦労した。

インターライブラリーローンは、私の記憶違いでなければ、東京ディズニーランドができたばかりの千葉県浦安市の図書館が日本で最初に始めて、そのときには半ば本気で浦安に引っ越そうかと思ったぐらいである。卒業論文で必要だったブロンテの書簡集も、指導教授の林昭夫先生に貸していただいた。その後、修士論文に取り組んだ時も、他大学の研究室に、紹介状を書いてもらって借りに行ったような時代だった。とはいえ、インターライブラリーローンの恩恵を知らない学生が今も多いので、折に触れて授業で話している。

山脇百合子先生の授業の話に戻る。先生の教科書は、アフラ・ベーン、ジェイン・オースティン、ブロンテ姉妹、エリザベス・ギャスケル、ジョージ・エリオット、キャサリン・マンスフィールド、ヴァージニア・ウルフ、アイヴィ・コンプトン＝バーネットについて章ごとに論じたものだった。アフラ・ベーンは夏目漱石の『三四郎』に名前だけ出て来る作家として知っていたが、まだ小説『オルーノコ』の日本語訳もなかった。

山脇先生は、最初ジョン・ダンなどの形而上詩人を研究していたが、留学した英国の大学で、「あなたは女性だから女性の作家を研究してみてはどうか」と言われ、女流作家を研究するようになったという。これを知ったとき、私はまだフェミニスト批評を知らなかったが、先生のような優秀な学生に、「女性だから女性の作家を研究しなさい」というのは失礼な話だと思い、指導教授の勧めに素直に従った先生を少しお気の毒に思った。

私は「女流作家」という名称に嫌悪感を持っている。「男流作家」は存在しないのだから、「女流」というのは「二流」「三流」というのと変わらない。「女流って気持ち悪いなやめてよね絡めとろうとする手をはたく」（歌集『きらい』所収）という短歌を作ったのは、それから四年後の大学院生になってからのことである。

卒業論文と定本

山脇先生には『エリザベス・ギャスケル研究』という単著もすでにあったが、当時の私は先生の熱心な講義を聞いても、ギャスケルには全く興味が向かなかった。大学一年生のときに『英国女流作家論』の中で一番興味を引かれたのは、シャーロット・ブロンテの最後の小説『ヴィレット』だった。先生の授業での語り口と、教科書に引用され先生の訳で記された小説の抜粋の、詩的言語の躍動に魅力を感じた。『ジェイン・エア』よりも優れているのか、妹のエミリ・ブロンテの『嵐が丘』に匹敵する芸術的達成なのか、自分で確かめたい気がして、卒業論文で取り上げようと思った。

『ヴィレット』はベルギーが舞台の小説で、フランス語の会話が英語訳なしで頻繁に出て来るので読むのに苦労した。一九五二年に出版された翻訳（相良次郎訳）が絶版で、一度古書店で見かけたときに値段に躊躇して買いそこねて、卒論執筆時には、国会図書館に通って参照したが、使い古された本が破損して修理のため貸出不可となって、往生した。

原書のほうは、最初ペーパーバック（店頭にあったデント社の廉価版）で読んだが、卒業論文で取り上げるのに定本を読まなくていいのかと思った。定本ということをいつ知ったのか。日本文学専攻の友人たちから学んだのかもしれない。そして神保町の北沢書店でオックスフォード大学出版局のクラレンドン版を発見し、一万円札を握りしめて店の前を行ったり来たりしたあげく、清水の舞台から飛び降りるような気持ちで、定本を買ったのである。

当時は卒業論文の指導教授というのは名ばかりのもので、しかも私の指導教授は学部長で多忙だった。「『ヴィレット』は読んだことがないから『嵐が丘』にしてくれないか」と申し出た先生に、私は生意気にも、嫌ですとお断わりした。ここ数年、私が大学の行政補佐職や行政職で忙しいのは、この学部長の祟りではないかと思って苦笑することがある。学費値上げをめぐって一部の学生がストライキを行い、大学が閉鎖されて学年末テストが中止になるなど、学部長は深夜まで対応に追われていたのに、私は大学のそばに住みながら、そのような事情には全く無頓着だったのだ。

フェミニスト批評との出会い

山脇先生の教科書に加えて、大学内の語学研究所の講座で二年間お世話になった井田卓先生に、Macmillan 社の New Casebook Series（批評史上重要な書評や論文の抜粋を集めた論集）の Milliam Allott 編の *Jane Eyre and Villette* を示されたことによって、私の卒業論文は、何とか大学院進学を可能にする水準に近づいた。

一九八〇年代半ばの日本では、Kate Millett の *Sexual Politics* と、Sandra Gilbert and Susan Gubar の *The Madwoman in the Attic* がフェミニズムの視点によって、『ヴィレット』の結末の大胆な読み替えと再評価を行ったことが、一部の研究者にようやく届き始めたことを、私はまだ知らなかった。しかし、ヴァージニア・ウルフの『私だけの部屋』や、シルヴィア・プラスやエミリ・ディキンスンの詩には私はすでに出会っていて、それらが女性の書いたものだという理由だけで、不当に低く評価されていることにも気づき始めていた。これは子どもの頃から詩や文章を書いてきた自分自身が生き延びるための問題でもあった。その頃都立日比谷図書館（現在は千代田区立日比谷図書文化館）の書棚で見つけた水田宗子の『ヒロインからヒーローへ　女性の自我と表現』もこのような思考の助けになったと思う。この研究書のおかげで、私の卒業論文に幼稚ながらフェミニスト批評的なものを付け加えることができたのである。

結び

二〇歳前後にどんな本を読んだかと最初に考えたときに、頭に浮かんだのは、今では想像もできないような長く孤独で自由な時間に、ドストエフスキーやロマン・ロランの長編小説を、時には授業をさぼって夢中になって読んだことだった。

このエッセイでは、高校生から学部時代の読書を、歌人の自己形成ではなく、現在の英文学の研究者・教育者としてのキャリアの中に位置づけようと試みた。その結果、英文学とフェミニズムにかかわる書物だけではなく、その書物にかかわる先生たちや友人といった、人との出会い、高校と大学での学びのあり方を振り返ることができた。

本にも人にも出会いがあり、出会いそこないがある。たとえ出会いそこなっても、人間は生きている限り、出会い直すことができる。読者の皆さんにも、幸運な出会いが数多くあることを願っている。

〔引用文献〕

芥川龍之介『奉教人の死』（新潮文庫、一九六八年）。
Allott, Miriam. *Charlotte Brontë: Jane Eyre and Villette*. Macmillan, 1973.
Brontë, Charlotte. *Villette*. Ed. Herbert Rosengarten and Margaret Smith. Clarendon Edition of the Novels of the Brontës. Oxford UP, 1985.

ブロンテ、シャーロット『ヴィレット』相良次郎訳（ダヴィッド社、一九五二年）。
ドラブル、マーガレット『碾臼』小野寺健訳（河出書房新社、一九七九年）。
Gilbert, Sandra and Susan Gubar. *The Madwoman in the Attic.* Yale UP, 1979.（抄訳は、サンドラ・ギルバート、スーザン・グーバー『屋根裏の狂女　ブロンテと共に』（朝日出版社、一九八六年））
Millett, Kate. *Sexual Politics.* 1970.
水田宗子『ヒロインからヒーローへ　女性の自我と表現』（田畑書店、一九八二年）。
森松健介「美の魔術師ウィリアム・モリス：新たな春を迎えた学生諸君へ」、「MyCul」11号、二〇〇八年四月発行。https://www.chuo-u.ac.jp/uploads/2018/11/3858_my_cul11.pdf?1602994911590
同『トマス・ハーディ　全小説を読む　簡約教科書版』（中央大学出版部、二〇〇五年）。
同『ヴィクトリア朝の詩歌』第一巻（音羽書房鶴見書店、二〇一八年）。
大田美和　歌集『きらい』（河出書房新社、一九九一年）。
同『大田美和の本』（北冬舎、二〇一四年）。
菅原孝標女『更級日記』（岩波文庫、一九六三年）
山脇百合子『英国女流作家論』（北星堂書店、一九七八年）。
同『エリザベス・ギャスケル研究』（北星堂書店、一九七六年）。

本を持って、旅に出よう

及川淳子

李鋭『龍胆紫集』

二〇歳前後に読んで大きな影響を受けた一冊を挙げるとすれば、どの本だろう。幸せなことに、大学では個人研究室という空間を頂いて膨大な本や資料を保管している。まだ整理ができずに、段ボールに入ったままの本も数箱分あって、ずっと積み重ねたままの状態だ。自宅の勉強部屋にも壁一面の本棚があり、実は、家族には内緒にしているけれど、本の重みに耐えかねて床が少し沈んでしまった。これだけ本に囲まれた生活をしているのに、あまりにも本に囲まれすぎているためか、二〇歳前後に読んだ一冊について想いを巡らせて、その一冊を紹介することはとても難しい。仮に、その一冊を思いついたとしても、無造作に置かれた本の山から、その本を探し出すことなど無理難題だ。今回の出版企画で原稿依頼の連絡を受けてから、実は、ずっと本を探して、探しているうちにずいぶん時間が経ってしまった。本を探しながら、あわよくば本棚の整理もできるのではないかと思ったのだが、そんなに都合よくできるはずもない。本は見つからず、原稿も書けないまま、時間が過ぎるばかりだった。

二〇歳の頃、私はどんな本を読んでいたのだろう、その本とどのように出会ったのだろう、その本から何を学んだのだろう、その本は、今の自分とどのように結びついているのだろう。そんなことをあれこれ考えているうちに、思い出したことがある。一九九〇年代初め、二〇歳の頃の私は、上海に留学していて、そして、どうしても手に入れて読みたくて、ずっと探し続けていた本があった。「二〇歳の頃に読んだ本」という企画の趣旨とは少し異なるが、二〇歳の頃にその本を知って、探し続けてようやく出会い、今もずっと読み続けている本という意味では、私の人生にこれほど大きな影響をもたらした一冊はないだろう。きっと、これから先もずっと読み続けることになるのだろうが、どれほど繰り返し読んだとしても、その本に書かれていることを完全に理解することはできないだろう。そして、おそらく私は、これから先の人生をかけてこの本を読み続けるだろうが、それでも読み終えることはできないとも思っている。

それは、中国の李鋭という人が書いた獄中詩集で、『龍胆紫集』という題名がついている。「龍胆」は日本語で「リンドウ」を意味するので、「龍胆紫」いう文字からリンドウの花の紫色を思い浮かべる人がいるかもしれない。だが、この詩集はリンドウの花とは無縁で、紫色に深い意味がある。まわりくどくて、なかなか本の話にならないと思われるかもしれないが、この原稿は、本を探し、本と出会い、本と向き合い続ける話でもあるので、お付き合いいただきたい。詩集『龍胆紫集』について記す前に、やはり著者の李鋭について紹介し、李鋭が『龍胆紫集』を編んだ経緯について記しておこう。

李鋭と長江三峡ダム

李鋭という人物を知ったのは、ちょうど私が二〇歳の頃、中国の母なる大河といわれる長江の流域を旅した時のことだった。子どもの頃に見た日中合作のドキュメンタリー映画『長江』（一九八一年、監督さだまさし）に魅了されて中国に強い関心を抱いた私は、第二外国語で中国語を選択できる高校に進学し、大学入学後は中国語の学修に没頭していた。留学先に上海に選んだのは、上海から長江を遡る旅に出るためには都合が良いだろうと考えたからだ。そうして留学中の二〇歳の夏、私は長江流域を巡る一人旅に出た。いわゆるバックパッカーの貧乏旅行で、寝台列車や長距離バスに揺られながら長江流域の街を訪ね歩き、長江に架けられたいくつもの大橋を歩いて渡り、名所旧跡や日本軍による侵略戦争とゆかりのある場所も訪ね歩いた。上海を出発してから約一ヶ月、結局、旅の最後に辿り着いたのは重慶の街で、長江の最上流域のチベット高原まで行くことはできず、憧れた映画『長江』と同じように「長江の最初の一滴」を目にすることはできなかった。けれども、今から思えば、中国語が流暢ではなかった二〇歳の頃に一人で長江を旅したことは、ささやかな自信に繋がっているのかもしれない。もともと行き当たりばったりの性格ではあるけれど、思い立って旅に出たり、知らない土地で生活したり仕事をする時でも、「きっと、どうにかなる、いや、どうにかする」と考えるのは、「長江の旅」が原点なのかもしれない。

長江の絶景として知られ、「三峡」と称される三つの峡谷をゆったりと進むフェリーで旅する中で、やがてその三峡に世界最大規模となる巨大なダムが建設されること、水位の上昇によって三国志で名高い白帝城など数多くの歴史遺産が水没や移転を免れないことを知った。確か、値段が安い三等客室の二段ベッドで一緒になった旅人から、「故郷の村も水没するけれど、中国の経済発展に三峡ダムは必要だ」と聞いたような記憶がある。曖昧なのは、記憶なのか、当時の中国語力による不確かさだったのか、今となってはもうよく分からない。それでも、中国の一大国家プロジェクトである長江三峡ダムの開発政策に、真っ向から異を唱えた人物がいて、その人が「李鋭」という名前だということを紹介されて、何度も繰り返し聞き取ってノートに記したことを覚えている。それが、李鋭との出会いだった。

李鋭とは、どのような人物なのか。なぜ、彼は長江三峡ダムの建設計画に反対したのか。長江の旅から上海に戻り留学を続けながら、少しずつ資料を調べ始めた。休学留学の期間を終えて日本の大学に復学してからは、長江三峡ダムの開発に関する政策論争を卒業論文のテーマに決めて、資料を収集した。日本語で書かれた文献は少なかったため、留学中に集めた資料や大学図書館の文献など、辞書を片手に中国語の原文と格闘する作業だった。調べるうちに、最初に長江三峡ダムを構想したのは孫文であること、毛沢東が建設実現を夢に見て、改革開放政策の開始後に鄧小平や李鵬が決断したことなど、まさに、長江三峡ダムは中国近現代史の縮図とも言えることが分かった。

古代より、中国において「治水」は「政治」であり、「権力」の象徴でもある。毛沢東は、その晩年に自身の健在ぶりを誇示するために長江を遊泳する写真を公開したこともあった。毛沢東は得意の詩作で「高峡出平湖」と記し、絶景の三峡に世界最大規模の巨大ダムを建設することを悲願としていたのだ。一九四九年の中華人民共和国建国後、毛沢東は長江三峡ダムの建設を本格化し、一九五〇年代前半には、建設計画の可否をめぐる政策論争が白熱した。そこで、水利専門家の李鋭と林一山の論争が注目され、毛沢東の前でいわゆる「御前会議」が開催された。李鋭は建設反対派の代表格だった。ところが、その大胆かつ率直な主張が却って毛沢東に気に入られ、毛沢東の秘書として重用されたという。この事実には、圧倒された。毛沢東時代の個人崇拝や中国共産党による一党支配に独裁的なイメージを抱いていたが、中国政治の複雑さを興味深く感じた瞬間だったと思う。私の関心は、次第に長江三峡ダムだけでなく、李鋭という人物そのものに移っていった。

紫薬水のインク

李鋭は毛沢東に異を唱えたことで秘書に抜擢され、秘書でありながら事あるごとに毛沢東に反対意見を述べた。建国直後の中国共産党内には、そうした民主的な雰囲気があったのだろうか。ところが、一九六六年から始まった文化大革命で、李鋭は政治犯を収容する秦城監獄に投獄され、そこで実に八年にも及ぶ長い獄中生活を送ることになる。簡易ベッドがあるだけの狭い独房で、最初の数年は、新聞を読むほかは本を読むことも何かを書くことも一切許されなかったという。気力と体力を維持するために、李鋭は独房の中で気功を続け、得意の詩作に時間を費やした。だが、読むことができた本は『毛沢東語録』の一冊だけで、紙やペンも与えられず、日記や手紙を書くことさえ禁じられた獄中生活だ。詩を創作しても、頭の中に思い浮かべ、繰り返し諳んじて覚えておくだけだったという。

投獄されてから五年目のある日、怪我の治療のために与えられた消毒液の「龍胆紫」をインク代わりに、そして綿棒の芯をペンの代わりすることを思いついた李鋭は、支給された『レーニン文選』のページを開き、余白の部分に詩を書き留めた。「龍胆紫」は一般に「紫薬水」とも呼ばれており、ゲンチアナバイオレットという薬品だ。昔、日本では赤いヨードチンキ、いわゆる「赤チン」という消毒液があって、子どもが転んで膝などに擦り傷をつくると真っ赤に塗ったものだ。「赤チン」を塗られた経験があるとすれば、昭和生まれの証しかもしれない。俗称「赤チン」で親しまれた「マーキュロクロム液」の製造は、二〇二〇年で終了したそうだ。李鋭に話を戻すと、紫色の消毒液「龍胆紫」をインク代わりに、実に五〇〇編もの詩を本の余白部分に書き留めて、獄中生活の中で正気を保ち続けるために詩作を続けたという。一九七六年に毛沢東が死去し、文化大革命が終了した後に、李鋭は自由と名誉を回復した。書き留めていた獄中詩を整理して、『龍胆紫集』と題して出版したのは、一九八〇年のことだった。

李鋭を知った二〇歳の頃の私は、どうにかして『龍胆紫集』を入手して、読んでみたいと思うようになった。長江三峡ダムに関する李鋭の資料はできる限り収集して読み進めていたが、『龍胆紫集』を手に取って、その詩を読み解くことが、李鋭を知るためには不可欠だと考えたからだ。今から思えば、私が二〇歳の頃といえば、李鋭が『龍胆紫集』を出版してから十数年後のことだ。だが、上海や北京の書店には置かれていなかった。当時、出版事情があまり良くなかった中国では、本は新刊が出版された時に買うものという考え方が一般的で、重版や再版などは期待できなかった。書店で目にした時に買っておかなければ、もう二度とその本を入手できないかもしれないという事情があった。また、政治的な理由で発禁処分になる本もあれば、著者がいわゆるブラックリストに載せられてしまい、中国国内では出版できないなどの事情もある。実際に、李鋭の著書は政治的に敏感な内容が多く、獄中詩集はその代表格だった。

『龍胆紫集』に収められた詩の一部は、李鋭の回顧録など別の書籍でも紹介されていたので、何編かは読むことができた。旧体詩の読解は、中国語を学び初めてわずか数年の私にとって、あまりにも難しすぎた。辞書を引きながら発音を確かめて、どうにか理解したいと思っても、まったく歯が立たなかった。正直に言えば、まったく訳が分からなかった。それでも、李鋭が綿棒の芯を握りしめて記した言葉を、そのかけらの一片でも理解したいと強く思った。

北京大学の図書館で『龍胆紫集』を見つけたのは、それから数年後のことだった。館外への貸し出しも、コピーを取ることも禁じられた希少本が並べられた書架で、青紫色の表紙がかけられた小さな詩集を見つけた時は、まるで会ったこともない李鋭に巡り会えたかのような思いだった。詩文に散りばめられた言葉には、中国政治への憂いや毛沢東に対する批判などが巧妙に織り込まれており、中国の歴史や文化はもちろんのこと、中国共産党の政治文化を理解しなければ、到底読み解くことはできない。まるで、謎解きの暗号だらけのような詩ばかりだ。たとえ全てを正確に理解できずとも、言葉のリズムを味わい、詩文が奏でる言葉のおもしろさや奥深さを感じるような朗読を楽しむという方法もあるが、それでは李鋭の詩を理解することはできないだろう。例えば、わずか二八文字の漢字が並んだだけの一編の詩でも、その詩に向き合い、理解するためには、李鋭が当時どのような体験をして、何を考え、どのような思いでその詩を綴ったのか、関連する資料を探して読み込んで、様々に理解を深めなければならない。そうでなければ、詩に綴られた李鋭の思いを読み解くことは不可能だと思い至った。

李鋭の獄中詩集『龍胆紫集』は、二〇歳の頃の私にとってあまりにも難解な本だった。それでも、北京大学図書館の書架で目にして以来、どうしても自分の手元に置きたいと願うようになった。もとより詩を理解するための中国語のレベルも、中国の歴史、文化、政治に対する知識も限られている自分が、果たして李鋭の詩を理解できるのだろうか。そう考えれば、気が遠くなるような思いもしたが、それでも『龍胆紫集』を探し続けた。中国の各地を旅する時には、かならず書店に立ち寄って李鋭の著書を探し、何か一冊でも見つければすぐに買い求めた。当時の中国ではまだ李鋭の回想録や政治評論集などが市販されていたが、『龍胆紫集』を見つけることはできなかった。

正直に言えば、詩集の内容よりも、本としての体裁をもった『龍胆紫集』という詩集に執着していたのだろう。そして、『龍胆紫集』を探し続けながら、私は李鋭という人物にさらに惹かれるようになった。

龍胆紫は消毒薬だが、李鋭にとっては獄中で詩を書き留めたインクだ。その紫色は、どのような色合いなのだろう。リンドウの花のような青紫色だろうか、もっと濃く深い紫色だろうか。綿棒の芯で文字を書けるものだろうか。そう思い立って龍胆紫を買いに行ったのは、確か北京大学近くの薬局だった。店頭で、「龍胆紫」と言っても通じなかったが、「紫薬水」という俗称を告げたら、すぐに小さな小瓶を出してくれた。白い紙に「紫薬水」で文字を書こうとしたら、瞬時に濃い紫色がじわっと滲んで広がった。その瞬間、会ったこともない李鋭を近くに感じて、ふと、涙がこぼれたことを覚えている。

本を持って、旅に出よう

寺山修司は「書を捨てよ、町へ出よう」と書いたが、私は「本を持って、旅に出よう」と言いたい。この出版企画のテーマである「ヒト」と「モノ」の関係について、「本」を中心に考えた時に、自分なりに浮かんだのがこのフレーズだ。

「本」を物体の「モノ」として見れば小さな存在かもしれないが、「本」という「モノ」には無限の可能性が秘められている。「本」との出会いは「旅」に例えることができ、「本」と向きあう読書の時間は、まさしく人にとって精神の「旅」にほかならないだろう。

時間と空間を確保して落ち着いた読書を心がけて、楽しむ人もあるかもしれないが、私はどちらかといえば、本を持ってどこかに行って、その時々に読みかけの頁を開くことが多い。それは、自宅のリビングから寝室へ、自分の勉強部屋から大学の研究室へという日常生活の中で細切れの移動もあれば、実際に本を手にして中国や台湾などを旅することも多い。その旅に関連した本を荷物に入れることもあるが、旅の間に読みたいと思い立って荷物に加える時もある。もちろん、本を持って旅に出ても、結局、読み終えないまま持ち帰ることもある。最近は、重くてかさばる紙の本ではなく、タブレットPCに何冊もの本が入っているが、それでも何か紙の本を持って行けば、旅がより意義深いものになるような気がしている。

「本」と「旅」は、私にとって切り離せないものだ。あるいは、「本を探すために、旅に出よう」というフレーズでもいい。李鋭の詩集『龍胆紫集』を探す旅は、二〇歳の頃に始まって、結局それから十数年も続いたのだから。

李鋭について調べ、その著書を収集して読み進める中で、私は李鋭を通して中国の現代史を学ぶようになった。一九一七年生まれで湖南省出身の李鋭は、社会主義革命に心酔して二〇歳で中国共産党に入党し、抗日戦争期に青春時代を過ごした。五歳の時に死別した父親の李績芳は早稲田大学での留学経験があり、東京で孫文らと共に革命活動を行っていた。李鋭にとって、日本は複雑な感情を抱く場所だったかもしれない。李鋭が長江三峡ダムの開発に反対し、毛沢東の秘書となったことは先に述べたが、それは科学的かつ自由な政策論争を重視したことによる。李鋭は、文革後に中国共産党組織部で要職に就いたが、退職後は精力的に執筆活動を続けた。中国の民主化、憲政、言論の自由や人権を擁護する政治評論を執筆するようになり、天安門事件の際には軍による武力弾圧に抗議し、胡耀邦など関係者の名誉回復を訴え、党内改革派の代表人物として、「党の良心」と言われるようになった。

晩年の李鋭は、中国国内で著作が発禁処分となり、その言論が徹底的に封殺されたが、それでも中国の民主化を主張し続けた。その思想と行動の原点は、あの『龍胆紫集』にあるのではないだろうか。そう考えれば考えるほどに、やはりどうしても李鋭に会ってみたくなった。もとより、中国共産党の老幹部で、元毛沢東秘書である。会いたいと思ったところで、容易に会うことなど不可能だ。中国人でも難しいのだから、ましてや外国人など不可能どころか、警戒されるかもしれない。留学時代の友人が、中国共産党のある機関に就職していたので相談してみたが、「李鋭に会いたいなんて、いったい何を考えているんだ」と笑われてしまった。

その頃、私は大学院の修士課程を終えて、いくつかの大学で中国語の非常勤講師をしながら、細々と李鋭についての研究を続けていた。李鋭の実直な人柄と、大胆な言論に惹かれ、李鋭を通して中国の政治文化を研究しようと考えていた。それから数年後、私は外務省在外公館専門調査員として北京大使館に勤務し、さらに外務省での任期を終えてから大学院の博士後期課程に入学して、ようやく研究者としての道を歩み始めることになるのだが、まだ、そうした進路を描くこともできず、三〇歳を前にして漠然とした不安を感じていた頃だった。

李鋭に会いたい。会って、話を聞きたい。秦城監獄で、どのような思いで詩を綴ったのか、直接会って話を聞きたい。もちろん、外国人が中国語の詩文を理解することは難しく、ましてや獄中詩を読み解くことは困難極まりないだろう。言語、文化、時代、経験、知識、すべてが全く異なる私が、李鋭という人物について研究することなどできるのだろうか。まったく自信はないが、人として、何か伝わるもの、感じるものがあるのではないかという淡い期待があった。そして、会いたい人に会いに行きたいという思いが、私を突き動かした。大胆不敵にも、中国共産党のある部署に、直接、電話をかけて直談判を試みたのだ。後日、中国の友人にその話をしたところ、「あり得ない、考えられない、普通はそんなことはしないし、そもそも考えない」とあきれたように繰り返していた。

李鋭に会いたいと電話をかけて、その後どうなったか。私は電話を切った後、誘われるままに李鋭の自宅を訪ねて、思いの丈を伝えることができた。李鋭に出会った二〇歳の頃、長江を遡るバックパッカーの旅から七年の月日が過ぎた二〇〇〇年の夏だった。結局、探し続けた『龍胆紫集』は入手できないままだったが、会いたいと強く願い続けた著者の李鋭に会うことが叶った。あの詩集に導かれるように、私はとうとう李鋭に出会い、李鋭の書斎で話を聞くことができたのだ。

当時、李鋭は八三歳の高齢だったが、力強い声で縦横無尽に話をしてくれた。毛沢東批判、文化大革命の批判、天安門事件関係者の再評価、中国には民主と自由が必要なのだと、話は尽きなかった。湖南訛りの強い李鋭の中国語は聞き取ることが難しく、私の中国語力では不十分だったが、どうしても伝えたいことがあった。薬局で「龍胆紫」を買って、インク代わりに書いてみたという話だ。それを伝えると、李鋭は嬉しそうに笑ってくれた。何か少し、伝えられたのかもしれない。それから、私は李鋭の元に度々通うようになり、彼のオーラルヒストリーを中心に今も研究を続けている。

「この本をあげよう」。李鋭が『龍胆紫集』を私に差し出したのは、二〇〇六年の春先のこと。前年、『龍胆紫集』の復刻版が出版されたのだ。二〇歳の頃からずっとこの詩集を探し続けていた私は、奇しくも著者の李鋭本人から、この本を手渡されることとなった。青紫色の表紙を開くと、そこには李鋭の特徴ある筆致で、私の名前と日付が記されている。本との出会いが、人との出会いに繋がり、そして、また本との出会いに繋がった瞬間だった。

李鋭は、まるで中国政治の現実に対する義憤をエネルギーにするかのように、最晩年に至るまで執筆活動を続けて、病床でも海外メディアの取材に答えた。その後、私は李鋭研究で博士論文を執筆し、いまは、こうして学究の道を歩んでいる。私の書棚には、中国や香港で探し集めた李鋭に関する膨大な資料と、李鋭から手渡された数多くの資料がある。もちろん、その中の一冊は、あの『龍胆紫集』だ。

二〇一九年初春、李鋭は一〇一歳の生涯を閉じた。『龍胆紫集』に導かれるように始まった李鋭との交流は一九年にわたり、録音した音声ファイルも大量だ。李鋭が七〇年余りにわたって書き記した日記は、アメリカスタンフォード大学のフーヴァー研究所に収められ、中国現代史研究の貴重な一次資料として世界の研究者に公開されている。私は中国やアメリカにいる李鋭の家族や関係者と親交を深めながら、李鋭の本を手に、その足跡をたどる旅を続けている。

結局のところ、『龍胆紫集』に収められた詩を取り上げて、訳文や解説を読者の皆さんに披露することができなかった。李鋭についてまとめた博士論文を書籍化した拙著ほか、図書案内を文末に挙げるので、ぜひ手に取っていただきたい。

最後に、李鋭を偲んで、二〇一九年二月一九日付『朝日新聞』に寄稿した追悼文を転載して、ペンを置きたい。

「求め続けた民主化、中国共産党の内側から　李鋭氏死去」
二〇一九年二月一九日付『朝日新聞』より、一部転載

中国共産党の改革派長老として知られた李鋭氏は、党内で様々な役職と経験を重ねながら自らの信念を貫き、「党の良心」と呼ばれた。

憲法第三五条に明記されている言論の自由を擁護し、党や政府とは異なる自由な政治的発言の重要性を説いた。引退後も党内部の民主化を実現することで、中国全体の憲政民主を推進しようと尽力した。

李氏の存在は、中国共産党の体制内の多様性と複雑性の象徴だ。彼が文革後に復権してから、指導部に異論を唱えながらも最後まで党員であり続けたことは、党の強靭《きょうじん》さの表れでもあったといえよう。

現代中国の言論空間を専門に研究する私は、李氏へのインタビュー調査を続けてきた。長江三峡ダムの建設をめぐり、毛沢東に反対意見を述べた大胆さに魅了され、北京に李氏を訪ね続けて一九年が過ぎた。

私の研究室には、李氏から贈られた額装の書がある。

力強い筆致で、「人としてのあり方と、党員としてのあるべき姿に根本的な矛盾が生じたときには、私は一切の犠牲を惜しまずに前者を守り抜き、自分自身に対して、また歴史に対しても申し開きが立つようにしたい」とつづられている。

組織の中でも、権力に対しても、「おかしいことは、おかしい」と言うことの大切さを、私は李氏の生き様を通して教えられた。

一九八九年、学生や市民の民主化運動が弾圧された天安門事件の際、李氏は最後まで武力弾圧に反対し、事件の再評価と関係者の名誉回復を訴えてきた。中国国内で著作の出版が禁じられたが、五年に一度の党大会にあわせて政治改革の意見書を発表し続けた。

今年は一九一九年の五四運動から一〇〇年、天安門事件から三〇年の節目にあたる。「いつ、憲政は成し遂げられるのか」と語っていた李氏。彼を身近に知り得た者として、その思想と行動を伝える使命を痛感している。

【図書案内】（発行年順）

・李鋭『龍胆紫集』（中国）（厦門学人出版社、二〇〇五年）。
・木山英雄『人は歌い人は哭く大旗の前　漢詩の毛沢東時代』（岩波書店、二〇〇五年）。
・及川淳子『現代中国の言論空間と政治文化――「李鋭ネットワーク」の形成と変容』（御茶の水書房、二〇一二年）。
・李鋭著、小島晋治編訳『中国民主改革派の主張　中国共産党私史』（岩波現代文庫、二〇一三年）。

コラム

人との出会い、本との出会い

木村希望

【原稿依頼】

私は、鳥光先生と及川先生に原稿を依頼しました。

鳥光先生は、中央大学文学部教育学専攻で教育思想史についてご研究されている先生です。ホームページで調べていく中で、注意深く認識すること、認識したことを他者に伝わるよう表現することへの援助ということを中心に教育のことを考えていらっしゃることがわかりました。鳥光先生が教育学とスイス史を絡めた研究をなさっていると知り、教育学と海外の思想や歴史という多様な思想や視点をもっている先生に是非原稿を書いていただきたいと思いました。

及川先生は、特別教養の授業をご担当してくださった先生であり、中央大学文学部中国言語文化専攻で現代中国社会についてご研究されている先生です。及川先生についてホームページで調べていく中で先生は、現代中国社会と言論空間がご専門ということやお仕事の中で「対話」することをとても大切にされていることがわかりました。「対話」することを大切にされている先生が二〇歳前後に読んだ本で、本との対話を通じて、考えや人生に影響があった本を紹介していただきたいと思いました。さらに、中国の歴史や思想という視点を持った先生が書かれる文章を読んでみたいと思いました。

お二方に原稿を依頼するにあたって、特別教養(3)の授業の趣旨をお伝えしました。また、

コラム

どのような経緯で先生にご執筆をお願いしているかについてもお伝えしました。授業の中で、議論の末「読書遍歴」という大枠+「執筆者が二〇歳前後に読んだ一冊」「多様な執筆者による多様な思想」というテーマに決まったことをご説明しました。ご執筆にあたって、先生方が二〇歳前後に読んで考え方や人生に影響を与えた本やその本との出会いについて青春プレーバック的な書き方で書いていただきたいとお伝えしました。

【どのように読んだか】

鳥光先生の原稿を読んで、太宰治の本を読んでいた当時について「自分が周囲とずれていると感じていて、そのような自分の反映を、太宰のなかに見ていたのだと思う」という文が印象に残りました。また、「太宰に執着していた自分と付き合うのが嫌になって太宰の全集をまとめて売った」というエピソードも私に強烈な印象を与えました。先生にとって、太宰治の本は心のよりどころであり、青春時代に影響を与えた本であることがわかりました。

及川先生の原稿を読んで、「本」との出会いは「旅」に例えることができ、「本」と向きあう読書の時間は、まさしく人にとって精神の「旅」にほかならないだろうというフレーズがとても印象に残りました。先生は、二〇歳の頃に知った『龍胆紫集』という本を長年探し求めることで、作者である李鋭という人物と実際に出会います。先生のお話は、私たちに本との出会いは人との出会いにつながることや夢中になることの素晴らしさを教えてくれます。

【担当編集者の裏話】

コラム

原稿の依頼を夏休み期間に担当者が行いました。お二方に執筆のお願いのご連絡を差し上げると、快く引き受けていただきました。メールでのやり取りの中で、鳥光先生は「中央評論」の編集を担当され、テーマは違いますが、教育学専攻の卒業生の方達に、ほぼ同じような依頼をし、集まった原稿を元に冊子を刊行されたばかりだということを教えていただきました。(312号「卒業10年後の証言、あなたにとって仕事とは。」)また、「今度は、私自身が、依頼される側に回るということで、いい経験になります。」とおっしゃってくださいました。

及川先生から原稿の件でいくつかご質問をいただきました。例えば、文体について「ですます調」「である調」であるかです。質問について中村先生にご相談し、文章は、文体も含めて執筆者の個性であると考えているので先生方にお任せしようと考えていることを及川先生にお伝えしました。また、いただいた原稿を見て、先生方の文章が余りにもバラバラで統一したほうがいいということになったら、改めて、お願いする可能性があることもお伝えしました。ご質問をいただいたことから、執筆者の先生方の立場になってどのような情報を事前に伝えなければならないかということが大変勉強になりました。

【引用】

・「中央大学ホームページ」より

私の読書遍歴──本の楽しみを求めて──

鳥光美緒子

時代と読書

二〇歳の頃の読書について書いて欲しいという依頼だったが、実はその時期の読書についてはよく覚えていない。

同年代の本好きの友人に聞いてみると、同じくよく覚えていないという。ちなみに彼女からの情報によると、当時流行っていたのは、柴田翔『されど我らが日々』（一九六四年）、高野悦子『二十歳の原点』（一九七一年）、村上龍『限りなく透明に近いブルー』（一九七六年）とのこと（藤田敬治（二〇〇五年）『自分史年表一九二〇―二〇〇九年』出窓社参照）。

いずれも学生運動や基地文化など、一九六〇年代、一九七〇年代の時代背景を色濃く反映した作品である。

友人のメールで、これらの三冊とも読んでいたことを思い出した。『限りなく』にいたっては、それを読んだ頃に住んでいた、酔っ払って歩いたら足を踏み外しそうな狭い道の先の、六畳とキッチンのアパートの光景を、鮮明に思い出した。

「歌は世につれ、世は歌につれ」というが、流行の本というのは流行り歌に近いものなのかもしれない。

大学入学の前、中学高校の時代はどんな本を読んでいたのかと問われれば、少女小説と太宰治、とすぐに答えられる。

その後、大学院の修士を終えたそのあとの時期についても、印象深い本の何冊かがすぐに思い出される。

間には挟まれた大学学部と修士課程の、二〇歳前後については手元に数少ない残っている本を頼りに当時の読書を思い出すことにした。

今手元に残っている本がそのまま、当時愛読した本というわけではない。むしろ、背伸びして読み、意味がよく掴めないから、いつかまた読もうと思って、処分することもできずにたまたま手元に残ってしまった本であるのかもしれない。

だがそれでも、数十年ぶりに手垢のついた本を開き、線を引いた箇所やら書き込みの箇所を読むと、その当時の私がその本の何に引きつけられていたかはそれとなく思い出される。

少女小説

最初に文庫本を手にした時のことから始めたい。モンゴメリの『赤毛のアン』シリーズの九巻、『虹の谷のアン』だった。小学校の六年の時のことである。

アンはすでに六人の子供の母親である。

深い庇護のもとに育ったアンの子どもたちと、それとは対照的に放ったらかしの牧師館の子どもたち、そしてメアリという孤児院育ちの野放図な少女が織りなす子どもたちの世界を中心に、アンの住む村の人たちの、悲喜交々の生活が描かれる。

今読むと心楽しい小品だが、小学生だった私にその面白さが理解できたとは思えない。ルビのふっていない活字で、小年少女文学全集には載っていない小説を（大人が読む）文庫本で読んでいることが誇らしかったのだと思う。

これを皮切りにアン・シリーズを読み、モンゴメリのほかの作品を読み、そしてさらに『若草物語』や、『足ながおじさん』のシリーズにも手を伸ばした。

当初は主人公の少女が幼なじみの男子と結ばれるという、少女マンガの王道ストーリーを反復して確認することが楽しみだったのだと思うが、しだいに少女小説にしばしば登場する、野心的な主人公に肩入れして読むようになった。

たとえばオルコットの『若草物語』の四姉妹の次女で、作家志望のジョー。いや、オルコットの作品だけではない。モンゴメリの作品にも野心的な少女は登場する。

アンは結婚を機に作家になることを断念するが、モンゴメリの別のシリーズの主人公、エミリーにとっては作家志望を断念するという選択肢はない。彼女は作家になるしかない、のである。

エミリー・シリーズの第一巻『可愛いエミリー』の終わり近く、一三歳のエミリーは、私淑する恩師のカーペンター先生に、「エミリー、君はなぜ書きたいのかね。そのわけを知らせたまえ」と問われて、「有名になって、それからお金持ちになりたいんです」と答える。


「それは誰もそう思うがね。それでぜんぶかね」

「いいえ。あたし、ただ書くのが好きなんです」

「前のよりはマシな理由だね。だがまだ十分な理由じゃない。……もし自分の書いたものの一行も出版してもらうことができないとわかっていたら……それでも、君はまだ書くのをやめないかね。どうかね。」

「もちろん、あたしやめませんわ」とエミリーは傲然と言った。「だって、あたし書かないではいられないんですもの。ときどき書かないではいられないんです。ほんとにそうなんです」（村岡花子訳新潮文庫、四九六頁）

オルコットにしろモンゴメリにしろ、今から一世紀、いや一世紀半も前、女が書くということそのものがまだ世間に認知されてなかった時代に、物を書くことを夢み、「作家」を志した人たちである。彼女たちの「志」が描かれた作品の主人公たちになにほどか、反映されていないはずがない。

きっと、出版社に送っても送っても突き返される、そういう経験をモンゴメリもしたのだろう。さきほど引用したエミリーの言葉は、出版のあてもないままに描き続けるモンゴメリ自身を支える言葉でもあったのだろうと想像する。

乱読

中学高校当時に読んでいたのは少女小説類にとどまらない。乱読の時代だった。

実家から都内にある中高一貫の私立女子校までは片道一時間ほどかかった。ラッシュ時間をさけて朝早い時刻に家を出て、人影もまばらな教室に到着する。朝の電車から読み始めてそのまま授業の空き時間を全部読書に費やし、帰りの電車で一冊を読みおえることも稀ではなかった。同じ方角に帰る友人と、同じ電車でそれぞれに本を読みながら帰宅し、内容をお互いに伝え合っては駅で読み終わった本を交換しあったことも何度かあった。

とにかく何でも読んだ。たとえば佐多稲子、宮本百合子、瀬戸内晴美、林芙美子ら大正から昭和にかけて活躍した女性作家たち。『体の中を風が吹く』『二つの庭』『夏の終わり』『浮雲』などのタイトルが浮かぶ。中学生や高校生の生活経験では理解することなどできそうもない話がほとんどだったが、頓着しなかった。

そうかと思えば父が読み捨てた本をそのまま読むこともあった。山岡荘八の『徳川家康』に吉川英治の『宮本武蔵』などなど。読んでいる時はそれなりに面白かった。それより何よりいったん読み出すと最後まで読まないと中途半端な気がして、結局最後まで読みとおした。

推理小説、スリラーの類にも耽溺した。エラリー・クイーン、アガサ・クリスティ、E・S・ガードナーなどなど、今でも定番と言える小説のほとんどに手を出した。シャーロック・ホームズもルパンも、当然のように読んだ。

太宰のこと

東大安田講堂の占拠が始まった一九六八年春、私は高校生になろうとしていた。同級生の中にも何人か、反戦運動に関わっていた生徒もいた。ただ学内の雰囲気は落ちついていて、というより妙にしらけていた。そういう雰囲気は私には救いだった。

私は典型的なノンポリ。部活は、一応生物部か何かに席を置いていた気もするが、気もする程度の記憶しかない、実質、帰宅部だった。

乱読は私のありあまる時間を埋めてくれた。もし本がなかったらどうしていたのだろう。本を読むというより、活字を読むという感じだった。そのなかで唯一、自覚的に読んだのは太宰だった。

当時は新築の書泉グランデのビルが、三省堂よりずっと立派に見えたころ、学校帰りに書泉で、全集を一冊ずつ買っては読み、揃えていった。

長引いた「中二病」——だったのかな、と思う。当人としては自分が周囲とずれていると感じていて、そのような自分の反映を太宰のなかに見ていたのだと思う。今になってみるとそんな風に自分に引き寄せてしか太宰を読めなかったことは、作者としての太宰に失礼なことであったと思う。他方で、太宰の読書が自分一人ではないという感覚を当時の私に与えてくれたことを考えると、その読書は私にとっては幸せなことであったとも思う。

太宰の全集はその後も長く私の手元に置いていたが、ある時点で手放した。太宰に執着していた自分と付き合うのが嫌になっていたこともあった。全集をまとめて売ったことはそれなりの金額になった。知り合いの知り合いであったその古書店が、かなりはずんでくれたらしいことは、間に入ってくれたその知り合いにあとから聞いて知った。

二〇歳のころ

読書する自分のイメージが鮮明にあった中高時代に比べて、大学に入学してからは一転、読書の場面も不確かになる。地方の大学に進学し、一人暮らしを始めた。通学バスの時間は読書には短すぎた。図書館で読んでいたのか、あるいは隣の声が聞こえてきそうな下宿の一間でひっそりと読んでいたのか。

手元に残っている本の発行年から考えて大学一、二年のころに読んだと思われるのは、ボーヴォワールの『第二の性』『娘時代』『女盛り』と、高橋和巳の『悲の器』『我が心は石にあらず』『邪宗門』。他にも読んだのだろうが確実に読書量は減っている。

中高時代、もっぱら小説と読み物しか読んだことのなかった私にとって、『第二の性』は最初の、なんというか、「硬い」本だったが、これは予想外に読みやすく、面白かった。自伝的エッセイ『娘時代』は、中学時代に読んでいた少女小説の読書の延長上のようにして、読んだ。ボーヴォワールの文章は、内容的に具体的で語尾が潔よく断定的で、読んでいて小気味よかった。

他方高橋の本は手強かった。彼の本の登場人物の多くは、公の「正義」にこだわる。身辺雑記的私小説か、プロット重視の読み物しか読んだことのなかった私にとってそう読みやすい本ではなかった。背伸びしていたのだろうと思う。

私が大学に入学した一九七一年、すでに大学紛争のピークは過ぎていたが、進学した大学は中核派の拠点の一つだった。新入生は彼（女）らにとってオルグの最適の対象である。授業に彼（女）らが乱入してくることもしばしばあった。

当時どれほど自覚的に高橋を選んで読んだのかは覚えていない。政治的にアクティブであることが正義であるという圧迫感はどこかあった。その圧迫感が背伸びした読書につながったのではないか、というのは今から振りかえっての推測だが。

異郷で

大学三年の九月から一年間、イリノイ大学に留学した。文部省―当時は文部科学省ではなく文部省だった―の、教員養成系学生対象の奨学金による留学だった。

英語が特に得意だったわけでも英語に関心があったわけでもない。ＥＳＳのようなサークルとも無縁だった。この募集が第一回目のことで、応募者数が少なかったのが幸いした。もし応募者数が多かったなら私は合格ラインに引っかからなかっただろう。

留学生活は手放しで楽しかった。

学生寮での生活。周りはみんなアメリカ人の学生たちだった。男子禁制のフロアだったこともあって、寝ている時以外はドアは開け放しで、予習・復習はみんな廊下に座り込んでやっていた。学生たちの生活習慣、音楽の嗜好、服装など、アメリカの学生文化がバリアなしに私の中に入ってきた。言葉も一緒に、である。着いたその晩には自分の名前をいうことで精一杯だった私が、三ヶ月もすると学生間の会話はほとんどわかるようになった。

日本人の留学生は当時も多かったがそのほとんどは大学院生、それも企業派遣や省庁派遣の、多くは家族連れの人たちで、留学期間中、日本からの学部留学生には一人も会わなかった。同じ日本人とは言え、年長の、立場のある人たちより、同年代のアメリカ人と一緒にいる方がずっと気楽だった。

ただそれでも日本語は恋しかった。話すこともだが、それ以上に日本語の読み物に飢えていた。大学には、Far East Library があって、その図書室にいくと地下にある書庫の鍵を借りることができた。韓国語、中国語などの図書と並んで、日本語の図書もそこにはあった。その多くは分厚い、箱入りの全集類だったが、それに混じって留学生たちがおいて行ったらしい軽い本や漫画もあって、そこに一人で過ごす時間は奇妙に落ち着く瞬間だった。

有島武郎、武者小路実篤、大杉栄、堀辰雄、梶井基次郎、横光利一などなど大正から昭和にかけての作家たちを、分厚い全集本で系統的に読んだ。もっとも今になって振り返ると、読んだことは覚えているものの、有島の「ある女」が強烈な印象を残したこと以外には何を読んだのか、その内容をほとんど思い出せない。

結果的に一年間を通して何度も読み直したのは詩集だった。

「わたしの心はかなしいのに
ひろい運動場《うんどうば》には白い線がひかれ
あかるい娘たちがとびはねている」

この一節で始まる中野重治の「あかるい娘ら」。そして、次の一節で閉じられる中原中也の「帰郷」。

「これが私の故里《ふるさと》だ
さやかに風も吹いてゐる
心置きなく泣かれよと
年増《としま》婦の低い声もする

あゝおまへはなにをして来たのだと……

吹き来る風が私に云ふ」

気恥ずかしくなるくらいセンチメンタルな詩だが、ふと口をついて出るほどに語調が馴染んだ。大袈裟に聞こえるかもしれないが、アメリカでのこの一年は当時の私にとって人生の中でそこだけ切り取られた特別の時空のように感じられていて、その中ではセンチメンタルなその語調が心地よく、そして心地よくそれが響くことを自分に許していい気がしていた。

石原吉郎について

日本に戻ると、同級生たちは卒業論文に追われていた。戻ってからの一年半の大学生活は、大学生活とそれに続いた大学院生活との間の、隙間のような時間だった。

当時読んでいたのが石原吉郎の『望郷と海』『海を流れる河』『断念の海から』『一期一会の海』などである。Wikiによれば石原吉郎は：

（一九一五年（大正四年）一一月一一日 - 一九七七年（昭和五二年）一一月一四日）は、日本の詩人・エッセイスト・歌人・俳人。シベリア抑留の経験を文学的テーマに昇華した、戦後詩の代表的詩人として知られる。シベリア抑留経験者の中で石原吉郎は特異な存在でもある。（https://ja.wikipedia.org/wiki/石原吉郎）

詩集には手が出なかった。読んだのはいずれも評論集である。収容所生活という、日常を削ぎ落とした極限状況において倫理的であることをテーマにしていた。拘束感や被支配感からの「自由」は私にとってもわかりやすい概念だったが、石原の評論は、そういう消極的な自由だけではなく自ら倫理的であろうとする意思の、いわば積極的な自由もまた、いやそれこそが本当の自由なのだと教えてくれた。その後四〇年以上これらの本を再び開くことはなかったが、ただそれでも処分することはできず、今なおそれらは私の手元にある。

フェミニズムの風

卒業後は大学院に進んだ。二年後、博士課程前期を修了、だが博士過程後期には進めなかった。当時在学していた大学院の博士課程後期の定員は前期課程定員の二分の一だった。ようは前期課程修了者の半分しか進学できないということである。

偶然だが同じ時期、博士課程に進めなかった女性の院生が同級生に他に二人いた。私を含めて三人全員、なぜ自分が落ちなければならないのか、納得していなかった。そのうちの一人がフェミニズムに関する本の貸し借りを媒介とする、単なる集まり、というよりもう少し永続的な集団の形成に向けて動きだし、いつの間にか私もそれに巻き込まれていた。大学の枠を超えて一挙に人間関係が広がった。

ル・グィンの『闇の左手』とファラーチの『生まれなかった子への手紙』は、その会の読書会で取り上げられて読んだ本である。

ル・グィンと言えば『ゲド戦記』が有名だが、私の中では彼女の代表作は『闇の左手』だと、勝手に決めている。舞台は人類のかつての植民地、惑星ゲセン。この惑星には男も女もいない。人はいわば潜在的な両性具有の存在である。ちょうど女性に生理の期間があるようにゲセンの人々にはケメルの期間があって、その時だけ人は性的存在に、つまり男か女になる。男になるか女になるかは偶然に委ねられる。永続的なカップルになることも、その場限りの関係もあるが、カップルだからといって夫と妻ということはない、二人の間に子供がいたとしてもそのどちらが父、母と同定されることはない。同じ人物が偶然次第で、父にも母にもなるからである。

公的に活躍するゲセン人の描き方は「男」を思わせるという批判もあったが、それでもこの設定は、新鮮だった。

一方『手紙』は、読書会で評価の分かれた作品だった。

妊娠に気づいた未婚の女性。産むことを決意するが、妊娠によって自分の生活の可能性を制限されることは拒絶した。無理を承知で激務を続けた彼女は流産する。体調を崩し、混濁する彼女の意識に、友人や医師、子供の父親などが次々と現れ、あるいは彼女を責めあるいは弁護する。その最後に「胎児」が現れるのだが、その子は彼女がこの世の中を生まれてくるに値する、素晴らしい世界として示してはくれなかったとして、彼女を非難する。

著者のファラーチはリビアの故カダフィ大佐にインタビューしたことで知られる国際的ジャーナリ

ストである。どんな動機が彼女にこの作品を書かせたのかは不明だが、胎児を、主張する「個」として登場させたことは今から考えても衝撃的だった。

もう一冊、当時読んだ本で強い印象を残したのは『アナイス・ニンの日記』である。

たまたま書店をぶらついていて、表紙の彼女の写真に心惹かれて購入した。レコードで言えばジャケ買いである。表紙の彼女の残した印象は魅力的だが謎めいている、というものだったが、実際に読んでみた本の印象もそれと変わらなかった。その謎の背景が明らかになったのは、同じ著者の『ヘンリー&ジューン』の読書を通してである。『日記』のサブタイトルに、「ヘンリー・ミラーとパリで」とあるが、『ヘンリー』は、『日記』と同じ時期のヘンリー・ミラーとの関係や出来事を、銀行家だった夫の死後、『日記』で削除したことを含むテクストとして公刊されたもので、その邦訳はカウフマン監督による同名の映画化に合わせて一九九〇年に出版された。

自分自身の鬱屈や問題とは無関係に作品を作品として読み、それを解読することの楽しさを、『日記』は教えてくれたように思う。

再び研究生活へ

E・ジェインウェイの『男世界と女の神話』を読んだのは、会の活動が開始されてから大分たった頃のことだった。

家は昔から社会の基本であったが、十八世紀に始まる自由な個人主義の抬頭によって、衰退に向かったと思われている。十九世紀・二十世紀の家の歴史は衰退期のそれであり、離婚の増加や父母の権威の弱体化は明らかにその徴候だとみなされている。だが現代の人口動態の研究からは、全く逆の結論が導き出される。私には家族が今ほど人間生活に大きな影響力を持っていた時代は、なかったのではないかと思われる（内野久美子訳『男世界』三一書房、一七頁からの再引用）。

ジェインウェイの文章ではない。彼女が引用しているフランスの歴史家の文章である。この引用文に惹かれて、注に記されていたその文献を読んだ。ジェインウェイが「エリス」と表記していたその歴史家はPh・アリエス、英語版で読んだその文献はのちに邦訳される『〈子供〉の誕生』（みすず書房、一九八〇年）だった。家族というのは昔から連綿と続く制度というよりも、近代において始めて作られたものであること。この指摘は教育についての見方の転換にもつながるように思えた。個人的な読書が仕事としての研究につながるかもしれないと思えた瞬間だった。

もちろん研究には研究の文法があり、個人的な興味関心がそう簡単に研究の文法にもとづく表現にはつながらない。このことはのちにいやというほど思い知らされたが、三年のブランクをへて再び研究という世界に戻ろうと決意するためには、幻想でもいい、その後押しが必要だった。

おわりに

初めて文庫本を手にした小学校の六年の頃から大学院博士課程への進学を決めた二〇歳代後半までの十数年の読書遍歴を辿ってきた。

依頼されたのは読書遍歴の執筆だったが、読書遍歴というよりもむしろ読書を通じての自分史に近い文章になった。

私が大学生活を送った一九七〇年代は、社会運動の転換期だった。公の政治の正義を問うた学生運動に代わって、個人的なことこそが政治的であるとするゲイ・ムーヴメントやフェミニズムなどの市民運動が抬頭しつつあった。

高橋和巳、石原吉郎、またここでは触れなかった花崎皋平、そこからさらにフェミニズム関連の文献へ。この読書歴の変化は私一人にとどまることなく、当時の学生には多少とも共通の傾向でもあったように思われる。

時代の違いを超えて私の読書遍歴が、今の大学生たちにとっても何ほどか役に立つことを願っている。

ふたたびそれは還らずとも

阿部幸信

What though the radiance which was once so bright
Be now for ever taken from my sight,
　Though nothing can bring back the hour
Of splendour in the grass, of glory in the flower;
　We will grieve not, rather find
Strength in what remains behind;
—— William Wordsworth, *Ode: on Intimations of Immortality from Recollections of Early Childhood*

安房直子の「青い花」に出逢ったのは、八歳のときのことである。

当時のわたしは、刊行されたばかりのカール・セーガン『コスモス』や、野尻抱影『星と伝説』に夢中であった。松田道雄『育児の百科』も、嬉々として読んでいた。

文学以外は本ではないと考えていた両親は、わたしの様子をみて、だいぶ心配したらしい。母が

『まほうをかけられた舌』を買ってきてくれたとき、それが昆虫も天体も内臓も化学実験も登場しない、ただの「おはなし」であることに、とても落胆したのを覚えている。

「青い花」は、短編集『まほうをかけられた舌』の冒頭に配されている。

ほそいほそい雨の降る日。若い傘屋が、ひとりの女の子と知りあう。その子は、なぜか傘を持っていない。傘屋は女の子のために、青い傘をこしらえてやった。海の色のような、雨上がりの空のような、青い青い傘を。

ところが、その日を境に、傘屋のもとに青色の傘の注文が押しよせる。来る日も来る日も青い傘づくりに追われる中で、傘屋は女の子のことを忘れてしまう。

ブームが突然去って、傘屋はようやく、女の子に傘の修理を頼まれていたことを思い出す。心をこめて直した傘を、約束の場所に持っていくと、……。

児童文学者の大石真は、巻末の解説で、この傘屋のことを、「もう以前とはちがって、力強い、自信にあふれた人生をあゆんでいくことでしょう」といっている。最初につくった傘を丁寧にあらためながら、初心に返ることができたのだから。

八歳のわたしも、「青い花」を、同じように読んだ。抹香くさい教訓ものだと思った。そして、部屋の隅にほうり出して、二度とかえりみることもなかった。傘屋の青年が、修理を頼まれた傘をそうしたように。

＊＊＊

中一のときの担任は、まだ三〇代半ばの若い社会科の先生で、寡黙な人であった。漢字四字の姓名のうち、三字までが人偏だったことから、わたしや悪友どもは、この先生のことを「ニンベン」と呼んでいた。

一学期の三者面談のときだったか、ニンベンが、「君は内向的すぎる。もっと世の中のことに関心をもったほうがよい」と言った。帰り道、母はずいぶんと憤慨した。こんなにのべつ喋っている子が内向的なはずがない、先生はお前のことをちっともわかっていないのだ、という言い分であった。

いま思えば、別に憤慨するようなことではないのだが、わたしの育った家庭が、内向性であることをよしとしない雰囲気だったのは確かだ。わたし自身、自分を内向的だとは思っていなかったから、腹こそ立たなかったが、意外な気持ちがしたものだ。

わたしの一族は係累が多く、実家は各地の親戚が上京する際の定宿になっていた。しょっちゅういろんな言葉を聞かされるので、方言には幼いころから強烈な関心があった。そんなわけで、その学期の終わり、ＮＨＫの「ドラマ人間模様」枠で放映された井上ひさし『國語元年』を、テレビにかじりついて観た。

時は明治初年。「全国統一話し言葉」制定を命ぜられた長州出身の文部官僚・南郷清之輔の奮闘と、その屋敷内——南郷の妻と舅は薩摩人で、津軽・南部・米沢・江戸山手・下町出身の奉公人と尾張出の書生を抱え、そこへ京の公家と会津の盗賊が乱入する——でのお国訛りをめぐるドタバタを描いた、全五話のドラマである。日本語の作品なのに字幕がつくというので、当時ずいぶん話題になった。そのシナリオは、いま、中公文庫で読める。

奉公人たちとのやりとりや、盗賊・若林虎三郎との丁々発止をとおして、清之輔はしだいに、お国訛りというものの本質に気づいていく。それは、語彙や発音の違いによって区別されるだけのものではない。お国ごとの暮らしに根ざした、多様な「ことば」なのだ。そして、自らに課せられた任務の困難さに苦しみ、それが正しいことなのかを疑いさえする。

井上ひさしだから、テーマがどんなに深刻でも、そこにみなぎっているのは諧謔と言葉遊びだ。表だった悲壮さは、みじんもない。だが、さんざんに笑わせた挙げ句、最後に救いのない結末を用意するのも、やはり、井上ひさしである。清之輔が心血を注いだ仕事は水泡に帰し、南郷家も離散の憂き目をみる。

明るく輝いた日々。しかしそれは、あるとき突然に幕を閉じ、そして二度と還らない。『國語元年』から最初に受けたインパクトは、その明暗のギャップであった。「アカルサハ、ホロビノ姿デアロウカ。人モ家モ、暗イウチハマダ滅亡セヌ」と「右大臣実朝」で書いたのは太宰だが、井上ひさしの明るさも、そうしたものだ。

そんな「ホロビノ姿」に魅せられて、このあとしばらく、井上ひさしばかり読んでいた。そして、その行間をとおして、二度と還らないものの幻影にあこがれたり、まがいものの調和を拒否する自身の性格というものを、しだいに自覚していったのだった。と同時に、ニンベンは自分のことをよく見てくれている、とも思った。

＊＊＊

高校一年の一学期は、砂を噛むようように過ぎた。もちろん部活もだ。まったく気乗りしないままに、夏合宿のバスに乗り、何となく、帰ったら部活をやめようなどと思っていた。

合宿の何が楽しかったのかは、いまだにわからない。が、人生を左右する四日間であったことだけは確かだ。最後の晩、みなで花火に興じながら、「明るく輝いた日々」は身近にもあるのかもしれないと、ぼんやり感じたのだった。

帰宅した夜、それは唐突に来た。もう二度と同じ日々は過ごせないのだ。それは過ぎ去ってしまったのだ。なぜそんなふうに考えたのだろう。ただただ涙が出た。そして、わずか数日で、自分がある人を愛するようになっていたことがわかった。

それは同時に、「二度と還らないもの」のほんとうの意味を知ることでもあった。それは喪われてしまって、もうそこにはない。そこにはないのだから、はじめからなかったことにしたいのに、それができなくなっている自分がいる。花火の夜の漠然とした感覚が胸にこたえた。「明るく輝いた日々」は、自分にもある。ただそれは、すぐさま確実に、「二度と還らないもの」になる。生きていくことは、喪失の繰り返しなのだ。

この実感を、誰かに話したわけではなかった。けれども、言わなくても通じることというのはあるのかもしれない。部活の仲間が、「お前、これ絶対好きだから」といって渡してくれたのが、わかつきめつみ『So What?』だった。

祖父危篤の報に、あわてて実家に戻った阿梨《あり》。そこには見慣れない姿の、見知らぬ少女・ライムがいた。タイムマシンを造ろうとした祖父の実験の失敗によって、異世界からとばされてきてしまったのだ。ライムを元の世界に還すため、幽霊になった祖父《じっちゃん》と、弟子の海棠《かいどう》が奮闘するあいだ、阿梨とライムは同じ日々を過ごしていく。

『So What?』は、当時まだ連載中であった。しかし、そのやわらかな語り口から、阿梨たちの日常には今後も大きなドラマが起こらないだろうこと、ライムの帰還とともに祖父もこの世を去るだろうこと、そしてそれまでの日々が阿梨にとってかけがえのない「二度と還らないもの」になるだろうことは、容易に想像がついた。

全巻が完結したのは、翌一九八九年のことだ。阿梨の「郷愁にも似た青を少し漂わせた切ないほど透明な胸の水晶」は、わたしの胸にもあって、いまもなお、阿梨やライムの声を聞いている。

「二度と還らないもの」の幻影は、本の世界の中にだけあるのではない。それどころか、わたしたちの暮らしのそこここに、無数にあるのかもしれない。そんなことを日々思ううち、だんだんと、「青い花」のことを考えるようになっていた。おぼろげな記憶をたどって、傘屋の青年が、あの女の子に気づいたのと同じように。

傘屋が女の子に最後に会ったとき、「あしたまでになおる?」と訊いた女の子は、「とてもかなしい目」をしていた。いくら傘屋が心をこめて傘を直し、いくら大事なものを思い出したとしても、その傘をついに女の子に渡せなかった傘屋が、屈託なく、「自信にあふれた人生をあゆんでい」けるものだろうか。それはどんなに力強くとも、背後には、心の奥底に焼きついた「とてもかなしい目」が、ずっと哀しくつきまとっているのではないか。人とは結局、そんなふうに生きていくものではないのか——。一〇年近くかかって、ようやくわたしの中で、「青い花」が意味をもちはじめた。

安房直子の作品では、日常と不思議とのあいだが、いつも不分明だ。しかも、不思議との邂逅は、「明るく輝いて」いない。むしろそれは淡々として、あったのかなかったのかさえわからないほどである。主人公は、ふたたび日常に還ったとき、喪ったものの大きさにはじめて気づくのだ。そのうえ作者は、主人公の行く末をはっきりと書かずに、そのまま筆を措く。まるで現代版『聊斎志異』だ。これに比べたら、最後に主人公に鉄槌を下して、明るさに「ホロビノ姿」を与えてやる井上ひさしは、むしろ心優しい作者なのかもしれない。

「青い花」との再会は、それまでともすれば空想の世界に逃避しがちだったわたしに、日常世界にとどまることの大切さを教えてくれた。真に重要な「二度と還らないもの」は、ここにこそあるのだと。

思えば、「二度と還らないもの」を抱いて生きていくのは、個人だけではない。そうした人間が集まってできている、人間の社会もまたそうだ。その中には、目には見えなくなっているけれども、多くの「喪われたもの」が息づいている。その集積によって創りあげられているのが、自分がいま当り前だと思っている、この世界なのだ。極言すれば、この世界をこのようなものとしてわたしたちに見せている本質は、「喪われたもの」、つまり歴史の中にあるのかもしれない。

こんなふうに考えるようになり、やっと「世の中のことに関心をも」てるようになってきたとき、ニンベンの忠告から五年が経っていた。それまでは音大を受験するつもりしかなかったが、文学や歴史のことを学べそうな文学部も悪くないかな、との思いが頭をもたげはじめていた。

＊＊＊

大学には合格したものの、いざ入ってみると、文学と音楽のこと以外、クラスメートの話していることがさっぱりわからない。人文科学や社会科学に関する知識が自分に決定的に不足していることは明らかだったが、どうしたらよいのか。そのままに二年が過ぎた。安房直子の訃報に接したのは、そんな二〇歳の冬のことだった。

二年次までの語学や一般教養の授業は、大してものを知らなくてもどうにかなったが、三年次からの専門の授業はそうはいかない。教授の唱える謎の呪文に耐えかね、大学三年の夏から、大学にはまったく行かなくなった。しかしドイツ語だけは好きだったので、ゲーテ・インスティテュートには熱心に通っていた。

その夏の集中クラスでの日々は、まさしく「明るく輝いた日々」だった。哲学や社会学を専門とする人たちがごろごろしていて、毎日一緒に過ごすうち、簡単にかみくだいてもらえれば、自分にも関心がもてる分野がまだまだあるようだとわかってきたのである。大学の語学クラスでも状況は同じだったはずなのだが、ゲーテには年齢も出身大学も違う人間が集まるので、刺激がより多かったとはいえるかもしれない。

彼らの会話についていかなければならないと、手はじめに、竹田青嗣『自分を知るための哲学入門』、祖父江孝男『文化人類学入門』など、「入門」ぽい新書や文庫本に触れてみた。そして、興味をもったトピックについては、詳しめの本を買ってさらに読むようになった。仲間にはわからないなりに議論をふっかけて、その都度こてんぱんにやられていたが、一緒に話していられるだけで楽しかった。このときの友人たちからは、いまでもいろいろなことを教わっている。

大学三年の秋以降、私生活において暗いできごとが続いたせいもあって、「明るく輝」かない、暗く陰惨なものへと関心が向かうようになった。何か難しいものを読めば、世界が変わって見えるだろうかと思い、当時のわたしとしてはかなり思い切って、分不相応な丸山圭三郎『言葉と無意識』にわざと挑戦してみたりもした。それが抜群に面白い本だというのはすぐにわかったが、だからといって、出口のない迷路にいるような感覚から、わたしを解放してくれたわけではなかった。

明るくないほうへ、明るくないほうへ。などといったら金子みすゞが眉をひそめそうだが、このころ意識して戦争文学を読むうちに出逢ったのが、原民喜「鎮魂歌」である。

僕にはある。僕にはある。僕にはまだ嘆きがあるのだ。僕にはある。僕にはある。僕には一つの嘆きがある。僕にはある。僕にはある。僕には無数の嘆きがある。

一つの嘆きは無数の嘆きと結びつく。無数の嘆きは一つの嘆きと鳴りひびく。僕は僕に鳴りひびく。鳴りひびく。鳴りひびく。嘆きは僕と結びつく。僕は結びつく。僕は無数と結びつく。鳴りひびく。無数の嘆きは鳴りひびく。鳴りひびく。一つの嘆きは鳴りひびく。鳴りひびく。一つの嘆きは無数のように。結びつく、一つの嘆きは無数のように。一つのように、無数のように。鳴りひびく。結びつく。嘆きは嘆きに鳴りひびく。

嘆きのかなた、嘆きのかなた、嘆きのかなたまで、鳴りひびき、結びつき、一つのように、無数のように……

原民喜といえば、原爆小説、原爆詩であると、それまでのわたしは思いこんでいた。しかし「鎮魂歌」の原民喜は、被爆体験を越えたところにいる。そこには、原爆で死んでいった人々はもちろん、全人類の嘆きをも一身に引きうける、大きく強い包容力がある。読み進むうち、あらゆる「喪われたもの」が、彼の中でひとつに交わるような感覚にとらわれた。

「喪われたもの」によってわたしたちが負わされているものは、とほうもなく大きい。そこには直視しがたい、おぞましい記憶も無数にある。が、それをなかったことにしたくても、とてもできるものではない。それどころか、現在の世界は、そうした「おぞましい記憶」も込みにしてできあがっているのだから、それをなかったことにしてしまっては、この世界じたいが成り立たなくなる。わたしたちは、ただ、「喪われたもの」とともに生き、その嘆きと「鳴りひびく」ことしかできないのだ。

「歴史というものがその精神において詩、ことに悲劇と密接につながるものでないとするならば、あの英知をもってきこえた、ギリシア人が、ミューズの一人に歴史を司どらせはしなかっただろう」というノーマン「クリオの苑に立って」（大窪愿二訳）の言葉は、この青臭い感傷もあながち本質を外したものではないのではないかと、わたしを勇気づけてくれた。そして、原民喜は歴史家ではなかったけれども、真の歴史家とは彼のような包容力をもつ人であるはずだ、と思った。彼は結局、そのひびきに耐えかねて、死を選んだのではあったが……。

このあと間もなく、わたしは専攻を美学藝術学から東洋史学に移った。原民喜を意識したわけでは、もちろんない。けれどもいま思えば、「青い花」や『國語元年』や『So What?』や「鎮魂歌」がなければ、歴史学に関心はもたなかったはずだ。それらのどれひとつとして、歴史学の本ではなかったのに。

＊＊＊

人文・社会科学のいわゆる古典的名著を濫読したのは、二〇代のことだ。かつて『言葉と無意識』を理解できなかったわたしが、数年後には、ソシュール『一般言語学講義』を読むまでになっていた。ただ、そうした経験は、わたしが世界を見たり感じたりするうえでの深さや広さに影響したものの、その根底を変えることはなかったように思う。それどころか、歴史学の本をひもとくうちに、実際の多くの歴史家はわたしが思い描いていたようなものではないという幻滅にも直面した。わたしという人間の核は、たぶん、二〇歳くらいでできあがってしまったのだろう。

こうしてふり返ったときに気づかされるのは、ある本によって人生が変わったとしても、それはその本の力ではないという、ごく当たり前のことである。その人生が、その本に出逢うことによって変わるような条件を備えていたからこそ、そこで人生が変わるのだ。モンテスキューはこういう。

ある戦闘という偶然、すなわち、特殊な原因が国家を破滅させたとすれば、そこには、ただ一度の戦闘でその国家が破滅しなければならぬ一般的原因があったと言える。要するに、主要な傾向があらゆる個別的な出来事を引き起すのである（『ローマ人盛衰原因論』田中治男・栗田伸子訳）

どんな名作といわれるものであっても、時が来なければ、自分にとっての名作にはなり得ないし、誰にでも等しく同じ効果をもたらす作品というものも、決してありはしない。

わたしがわたしにとっての名作と出逢えたのは、ニンベンのひとことや、合宿での花火の晩や、ゲーテの仲間との酒盛りといった、「二度と還らないもの」たちのお蔭である。本は確かに多くのことを教えてくれるが、それが自分にとって意味をもつかどうかは、そのときの自分次第だ。だから、何かというと「高校生にお勧めの本」だの「学部生に読んでほしい本」だのを並べて悦に入っている人種を、わたしは信用しない。真にすぐれた知性をもつ人は、本ばかり読んではいないし、それこそ本など少しも読まなくても、あらゆる事物から大事なことを得られるものだ。

ただ、本にもありがたいことがある。文字だけのシンプルな媒体だから、いつまでも同じ形のまま、わたしたちを待っていてくれることだ。最初は不幸な出逢いかたをしても、時さえ満ちれば、豊かな実りを与えてくれるかもしれない。

などとうそぶいて、結局、今日もまた本を注文する。これまで溜めこんだこの本たちのすべてとよい関係をとり結べるほど、自分に残された時間は多くないかもしれないな、などと思いながら。

読者としての私[1]

縄田雄二

はたちのころに読んだ本との題が出た。私に最もおおきな衝撃を与えたのは、十五のときに読んだ本である。以後私はあまたの書を読み、二十のころも読んでいたが、それらの書は、十五のときに読んだ一冊を前にすれば、その陰にすべて隠れる。この本のことを書くことを許していただきたい。

＊

私は東京に生まれ育ち、小学校を出ると中高一貫校に入学した。高校受験をまぬがれ、（ジュール・ヴェルヌの小説の題をもじれば）「六年間の休暇」を得たのである。閑暇。これこそは多くを生む豊穣の海である。この海に私は、中学校に入学した一九七七年春に身を投じた。

閑暇はひとに、性《さが》のままにふるまう自由をめぐむ。きままに日をおくりながら、私の魂は、いつしか、現実から、わが身から、和泉式部の歌ったほたるのように「あくがれ出《い》」でた。[2] 現実を明確に現実と感ずる感覚を、私はうしなった。目前に見えるものが、おのれのからだも含め、現に有るのか、まぼろしにすぎぬのか、よくわからなくなった。しばらくまえまで、明瞭な確固たる世界にいたのに、いつのまにか、たしかなものの無い、むなしい、にぶい世界にいて、もとの世界に戻れなくなった。予期せず、望みもしない大きな変化であった。一年生の後半である。

むかしのドイツの神秘思想家エックハルトは、すべての被造物と自身の肉とから魂が離脱し神と合一する「離脱」を讃えた。(3) わが魂も具象と肉とから離脱した。しかし合一する相手はいなかった。私は無限のからっぽに、ただほうりだされた。

這い出る手がかりの無い虚無。究極の孤独。そこに突き落とされた少年の恐怖を想像してくださりたい。それは私に刻まれた最も深い傷である。私は普通の生活を送っていた——食い、寝、学校に出かけ、テニスに興じ、アガサ・クリスティーの推理小説を山ほど読んだ。それは、いわば上の空で、自動的にからだが動き、おこなったことである。しかし、私の中学校生活の中心を占めたのは、自室で強い恐怖にさらされながら、茫然と過ごした多くの時間である。私は自殺を、ただの一度も、全く、考えたことがないが、当時もそうであった。この恐怖が自死により終わるとは考えもつかなかった。現実が現実と思える者には、そこから逃れる手段として自ら命を絶つ選択肢も生まれるのかもしれないが、私のいたのは——いまもいるのは——ふかぶかとひろがる永遠の世界である。現実は仮象としてその世界に浮かぶに過ぎず、私はその仮象とさまざまに関わりあうが、仮象をすみかとするわけではない。そして、私の陥り、すむことになった世界は、未来永劫のがれられぬ地獄と思えた。

おのれの肉すらまぼろしに見える者にとり、書物は信ずる対象となり得ない。地獄から出るには自力によるしかない。私は思想書のたぐいは手に取らず、みずからの思考により地獄からのがれ出ようとした。二年あがき、空しかった。私は追いつめられた。あのまま事態が進行したらば、やがて私は廃人となり果てたろう。こう当時恐れたし、いま振り返ってもそう思う。しかし廃人となる想像よりもはるかに恐ろしいのは、私を包む空漠自体であった。

一九八〇年頃の東京は、書物の都市であった。いまもそうであるが、当時はさらにそうであった。駅があれば本屋が近くにあった。駅が大きければ本屋も大きかった。私の通学路の乗換駅のちかくには、とりわけ大きな書店がいくつかあった。これが私に幸いした。

私はそのひとつにおいて禁忌を犯した。ゆきづまり、恥ずべきことに、他人のあたまが考えたことが記されている書物に手をのばしたのである（いまだに、くやしい）。なさけないことに、哲学なるものに救いがあると思ったのであろう。こまかいことは覚えていない。記憶を吹っ飛ばしたのはこの本である。野田又夫編『世界の名著二二　デカルト』一九七八年第二一版、中央公論社。この本が私を驚愕させた。私のことが書いてあったからである（デカルトを読み「これは自分だ」と驚いた中学校三年生のはなしにつきあうのが馬鹿馬鹿しくなった読者は、是非ともここで読むのを止め、次の章に進まれたい）。

デカルトも書物を遠ざけた。「私は、成年に達して自分の先生たちの手から解放されるやいなや、書物の学問をまったく捨てたのである。」[4]（「方法序説」第一部）

デカルトにも閑暇があった。「私は終日炉部屋にただひとりとじこもり、このうえなくくつろいで考えごとにふけったのであった。」[5]（第二部）。

デカルトも、たしかなものが何も無い世界に囲まれ究極の孤独に身をさらした。

ほんのわずかの疑いでもかけうるものはすべて、絶対に偽なるものとして投げすて、そうしたうえで、まったく疑いえぬ何ものかが、私の信念のうちに残らぬかどうか、を見ることにすべきである、と考えた。かくて、われわれの感覚がわれわれをときには欺くゆえに、私は、感覚がわれわれの心に描かせるようなものは何ものも存在しない、と想定しようとした。〔……〕私は、それまでに私の精神に入りきたったすべてのものは、私の夢の幻想と同様に、真ならぬものである、と仮想しようと決心した。しかしながら、そうするとただちに、私は気づいた、私がこのように、すべては偽である、と考えている間も、そう考えている私は、必然的に何ものかでなければならぬ、と。そして「私は考える、ゆえに私はある」Je pense, donc je suis. というこの真理は、懐疑論者のどのような法外な想定によってもゆり動かしえぬほど、堅固で確実なものであることを、私は認めたから、私はこの真理を、私の求めていた哲学の第一原理として、もはや安心して受け入れることができる、と判断した。[6]（第四部）

デカルトは私であった。しかしデカルトは私と全く異なった。幻影の世界にいつのまにか放り込まれるかわりに、彼はみずからそこに入った。空漠におののくかわりに、孤独をたのしんだ。二年震えつづけるかわりに、すみやかに思考の次の段階に進んだ（彼は「ただちに」Je pense, donc je suis の哲理に達した）。いつのまにかまぼろしの世界に陥り破滅に瀕するかわりに、まぼろしのなかでもまともに暮らせるように指針を立てた上で、自分の住む世界を疑い、構築しなおした。

自分の住む家の建て直しをはじめるに先だっては、〔……〕建築にかかっている間も不自由なく住めるほかの家を用意しなければならないのと同様に、〔……〕私は暫定的にある道徳の規則を自分のために定めた。それは三つ四つの格率からなるものにすぎない〔……〕[7]。（第三部）

「我思う、ゆえに我有り」のあと、神の存在証明にいたるくだりは、当時もいまも、私を全く納得させない。しかし方法序説のそこまでの記述は、私を巨大な力で打撃した。それは、二年間の地獄を終わらせるに足りる、まことにおおきな衝撃であった。デカルトは、天からふり、私をつらぬき、地に留めた矢であった。この矢無くば、やがて私は宇宙の果てに吹っ飛ばされたであろう。幻影に囲まれた魂は、わが存在をおずおずと確かめはじめた。「漠然たる世界 対 おのれ」という、中学校一年以来いまにいたるまで私の住む構図は、デカルト以前は「おのれ」の重みの無い、無限大 対 無限小という不等式であったが、デカルト以後、「おのれ」の重みが増えはじめた。転機であった。

以上で述べたいことは尽きた。しかし求められた字数を満たすにいたらない。デカルト以後いまにいたるまで、いかに本を読んできたかの例をいくつか挙げ、紙幅を埋めよう。

＊

思想を盛った書物を読む禁忌を破って以来、すなわち高等学校にすすむあたりから、私はさまざまな本を読むようになった。

混沌たる世界に向かい、とまどい、しくじる者――ゲーテの『ファウスト』の主人公ファウストが、私の興味を引いた。一九八〇年八月一六日（高校一年の夏）、前半第一部を購入、二一日に読了。後半第二部は二三日に購入、翌日読了（当時はふたつの日付を本に書き込んでいた）。第二部で巻を措きかねたことを、いまも覚えている。世界はひろい。現実と見えている世界よりもはるかにひろい。その広さはおそろしい。しかしその広さが、うつくしい音と映像で満たされれば、その広さは快楽と安定をもたらす。『ファウスト』第二部は、広漠たる時空に、ドイツ語の韻文という音響と、それが喚起する視覚イメージを存分に繰り広げた作である。音響の次元は訳文においては大きく欠けざるを得ないが、映像は私を囲む茫漠たる空間に映写され、その空間が私に与える恐怖をやわらげた。

第一部で傷ついたファウストを癒す、第二部冒頭の歌が、惨憺たる中学校生活を送った私を、いかに深くなぐさめたか。妖精アリエルが、妖精仲間に呼びかけつつ、うたう。

花、春の雨のごとく、
みな人の上に舞いおち、
野に満《み》つる緑の幸《さち》、
生きとし生ける者の上に輝けば、
姿小さけれど、こころ偉《おお》いなる妖精《エルフ》たちは、
救うべき人の方へといそぐなり。

浄《きよ》らかなる人にせよ、邪《よこ》しまなる人にせよ、
幸《さち》なきものを彼らは憐《あわれ》むなり。
お前たちはこの人の頭を回って空中に漂っているが、
ひとつ、いつもの妖精《エルフ》の流儀《りゅうぎ》でやってくれ。
この人の胸の恐ろしい苦悶《くもん》をやわらげ、
灼《や》けつくような厳《きび》しい非難の矢を抜き取り、
その体験した恐怖から心を救ってやってくれ。
[……](8)

デカルトを読んで以後、私は美に溺れ、おのれをかこむ空漠を、綾なす文辞、豪華な音響、あふれる色彩で満たしていった。読み、聴き、観て、十年足らずにして信じ得た。世界はかぎりなく広い。そしてかぎりなくうつくしく、こころよい。私はその住人である、と。ウパニシャッドに言う梵と我、エマソンの言うOver-soulとsoulの関係を結び、私は世界と和解した。永遠の地獄は至福の常《とこ》世《よ》となった。『ファウスト』読書はそこへ向かう重要な段階であった。

作家石川淳と同じ時代を生きていると感じながら若き日々を過ごせたのは幸せであった。彼は、鷗外、漱石、荷風と並び、和漢洋の典籍を原文で読む近代日本の読者の系譜の、最も偉大なる者であった。この系譜の末に、彼らにはるか及ばずとも、ささやかな席を占めたいという願いが、当時もいま

も私には強い。石川が幼時に漢文の素読を授けられた話を読んだからか、私は若いころ、たしか高校生のときに、岩波文庫の『論語』を毎日一章暗唱しながら読みすすめた。章は二十ほどの漢字がならぶ短いものが多かったが、特段に長い章が出てきて（先進第十一の終章か）、覚えきれず、そこで挫折したのは痛恨である（漢文の読者としての出発が、石川よりもはるかに遅く、みじめであったことが、いまも私をくるしめる）。その本は手放し、やはり読もうと買い直して読み上げ、文字を大きく組み直した版が出ると老眼のために贖い、金谷治訳注『論語』とは長いつきあいである。私はこの書に感謝する。この書を——途中までであれ——若いころに読んでいればこそ、のちに漢代の賦を、唐宋八家の散文を、原文で読むよろこびを私は持ちえた。

国内国外の図書館をわたりあるいてきた私にとってもいまだに、地元の図書館——区立図書館、市立図書館——は、そこからなんでも出てくる魔法の箱である。いまも近隣の図書館から借りた何冊かが、ほとんどつねに家にある。高校生のころ私は、学校からの帰途、途中下車し図書館に寄るのを好んだ。そこに休みの日にでかけもした。岩波書店の日本古典文学大系、明治書院の新釈漢文大系という、いまだに私にとり大切な叢書にはじめて向き合ったのは、その図書館のはずである。注釈をたよりに原文を精読するよろこびをそこで覚えた。竹取物語と方丈記を、たしか日本古典文学大系本で読みとおしたのは、この図書館においてであった。その本が、いまもその図書館にあるのではないか。

家の書架に岩波文庫本『土左日記』（一九八〇年第二刷）がある。竹取物語と方丈記に続きこれを読んだのは一九八一年、高校二年の夏であったろう。

もうと買ったのではあるまいか。『土左日記』の裏表紙には一九八一年八月三一日と購入日のみが記され、読了日の記入が無いまま時がすぎた。この書は私にとり、万葉集や、和漢朗詠集や、源氏物語や、能・浄瑠璃・かぶきのもろもろの台本ほどの重みを、持ち得なかったのである。日記を読み上げたのは二〇一四年一〇月二八日。読まなかった三十年あまり、この書は私と無関係であったか。否《いな》。この本は、ドイツ在住の時期を除き、つねに身近にあった。蔵書の一冊でしかなくとも、私はその存在をいつも感じていた。私はこの書と気長なつきあいを結び、読むことにより、友誼の義理を果たした。この書はこれからも私の伴侶であろう。

国語教育学の大家、のちに筑波大学教授となられた塚田泰彦先生が、高校の国語教師であったおりに、私はその生徒であった。記憶はおぼろである。一年生のときであったか、ライプニッツを論じた文章か何かが教材となったあと、リルケの日本語訳が配られ、たしか「心の山の上にさらされて」という詩についての口頭発表が、私に割り振られた。同級のM君が、ジャーナリストの父君の蔵書から、手塚富雄という独文学者の『ゲオルゲとリルケの研究』を貸してくれ、それを助けに読みを披露したと覚える（M君と御尊父に感謝）。ふりかえればこうして私は人文学に手を染めた。この授業のしかたは、カリキュラムを精密に築きシラバスを忠実に実行するという、いま日本の学校や大学でおこなっている多くの授業のしかたの逆を向いている。生徒を刺激すると信じたテクストを教員が生徒に与えるだけである。すばらしかった。その後塚田先生が築かれた学説と矛盾するかもしれないこの授業方法を、感謝とともに記録しておく。

私の通ったのは生徒の自由を許す高等学校であった。駅前の喫茶店で一服したり、パチンコでひと稼ぎしたりしてから登校する者もいた。そうするかわりに私が好んだのは、登校してから学校を抜け、線路向こうの住宅街の公園まであるき、前田利為侯爵がかつて住んだ邸宅で時をすごすことである。当時は文学館として公開されていたが、平日に人影は稀であった。私は一九二九年に建った貴族の洋館をほとんどひとり占めした。展示は、ろくに観なかったのか、おぼえていない。おぼえているのは、私が身をひたした空間の静けさと、そこに流れる時間の遅さである。ちかづく大学受験の圧迫にもかかわらず、私はおのれに閑暇をめぐみ、六年間の休暇は相変わらず休暇であった。

＊

女性や嬰児に聖性を認める考えがむかしの中国にあった。老子に云う。

谷神不死。是謂玄牝。玄牝之門。是謂天地根。
谷神《こくしん》、死せず。是《こ》れを玄牝《げんぴん》と謂《い》う。玄牝《げんぴん》の門、是れを天地の根《こん》と謂う(9)。

知其雄。守其雌。為天下谿。為天下谿。常徳不離。復帰於嬰児。
其の雄《ゆう》を知りて、其の雌《し》を守れば、天下の谿《たに》と為《な》る。天下の谿《たに》と為《な》れば、常徳《じょうとく》離れず。嬰児に復帰《ふくき》す(10)。

結婚し子を授かり、聖なるものたちに囲まれ、これこそが私の最重要事となった。それまで最も重いことであった中学時代の二年間は後景に退いた。当時についてこうして書けるのも、だからである。

*

私と現実とのあいだには、いまだにおおきな距離がある。私は、私にとりあまりに具体的すぎる現実、たとえば大学という現実に、大きな努力をしていちいち出張せねばならない（出張ということばがふさわしいほどその距離は大きい）。抽象的な広さに住む者が、具体的な現実に出向くのであるから、出張先では当然うまくいかない。学生の顔と名は覚えきれない。会議ではたまに発熱する。出張先から、私の本拠地、すなわち「漠然とした世界 対 おのれ」という単純な構図までは、遠い。今度は時間をかけて戻らねばならない。多摩キャンパスではたらき日が暮れると私はしばしば、気の向いた方へ、遠まわりを厭わずあるく。一時間も二時間も。あるくうちに、ニーチェの『ツァラトゥストラかく語りき』の「夜の歌」の章がひびきだす。私はこの書を、大学三年生か四年生のころ、原文でつぶさに読みとおした。むかしの読書が多摩の暗黒にてよみがえる。

Nacht ist es: nun reden lauter alle springenden Brunnen. Und auch meine Seele ist ein springender Brunnen.(11)

夜だ。ほとばしる泉の声々がみな高まる。わが魂もほとばしる泉だ。

ある日しごとを終え、脚は大栗川に沿ってくだり、大栗川が多摩川にそそぐところでゆきどまった。ふたつの水にはさまれ、ひとけの絶えた地にて夜空をあおぎ、浮んだのは、李白の詩句である。

酔来臥空山　酔《よ》い来《きた》って　空山《くうざん》に臥《ふ》すれば
天地即衾枕　天地《てんち》　即《すなわ》ち衾枕《きんちん》(12)

酔い、ひとのいない山で横になれば、天は布団、地はまくら。

私は酒を断《た》って久しい。しかしこの文句はわが心に適う。そして思う。李白がタオイストであるならば、私が中学校一年のときに陥った広漠たる何かは、ひとことで言えば、道《タオ》か、と。

＊

なぜ現実から遊離してしまうのか。自問し、人間ではないのに人間に生まれたからであろうと覚《さと》った。私は虫のたぐいであろう。虫が人間をするのであるから、難儀するのも道理である。しかしよいこともある。異星から地球に観光にきた者が、帰る前の日に地球を観る目で、私はこの世を眺めている、としばしば感ずる。見慣れた光景――たとえば、すみわたる空に、おおきな木が枝をひらき、日がかたむくというような――を見て、めずらしく、おもしろく、なごり惜しく、日々感じ入ることができるのは、人の世に拒まれた者の特権ではあるまいか。
中学三年生の私がデカルトにおのれを観たならば、いまの私を代弁する者は誰か。私は、シェイクスピアが独力で完成した最後の戯曲『あらし』の終幕に出る歌を、折にふれ音読する。そのたびに巾《きん》をうるおす。妖精アリエル――人ならざる者、しかし人の世に介入した者、そしていまおのれの世界に帰る者――が、うたう。

Where the bee sucks there suck I,
In a cowslip's bell I lie;
There I couch when owls do cry.
On the bat's back I do fly
After summer merrily.
Merrily, merrily shall I live now
Under the blossom that hangs on the bough.(13)

蜂《はち》と一しょに花《はな》の蜜《みつ》吸《す》うて、
九輪《りん》ざくらの酒盞《ちょく》に臥《ね》てゐて、

臥床《ねどこ》で梟《ふくろふ》の啼《な》くのを聞《き》かう。
大蝙蝠《おほかうもり》の背中《せなか》に乗《の》って、
夏《なつ》の後追《あとお》うて、愉快《ゆくわい》に〳〵、
愉快《ゆくわい》に〳〵、これから暮《くら》そ、
枝《えだ》を垂《た》れてる其花《そのはな》かげで。[14]

（1）「自分にとり大切な書物は、人格と一体化しているので、それにつき書くことは、きわめてプライベートな領域をひとに明かすことです。（……）ひとは、個人史のなかに重いものをため込んでいます。僕の場合はそれが書物と深く結びついています。」高校生や大学生に向け、若いころに読んだ本を、当時を振り返りながら紹介するよう、学生から要請された折、私はこうメールで答え、おことわり申さざるを得なかった。数週後、人格と一体化するような書物との向き合いかたについての章がやはりほしい、と、あらためて執筆を請われた。熱意に応ずべく、微力を尽くした。個人史を書いたのはこの経緯による。

（2）「物思へば沢の蛍も我が身より　あくがれ出づる魂《たま》かとぞ見る」樋口芳麻呂校注『王朝秀歌選』岩波文庫、一九八七年第七刷、一六七ページ。三島はこの歌をハイデガーと古代ギリシアの哲学に結びつけた。三島由紀夫『絹と明察』新潮文庫、一九八七年初刷、六五―六七ページ。

（3）「離脱について」田島照久編訳『エックハルト説教集』岩波文庫、二〇一一年第一五刷、二三五―二五五ページ。

（4）一六九頁。

（5）一七一頁。

（6） 一八七―一八八頁。
（7） 一八〇頁。私はデカルトを普段は別の本でよむ。引用のためにこの本をひさかたぶりに繙いたが、おそろしかった。この本は私にとり畏怖すべきタイムカプセルである。
（8） ゲーテ作相良守峯訳『ファウスト』第一部（一九七八年第二五刷）第二部（一九七八年第二四刷）、岩波文庫。手放したと思っていたこの二冊と数年前実家で再会できたのは嬉しい。引用は第二部七―八頁。
（9） 福永光司『老子』上巻（一九九二年第八刷）、朝日文庫（＝『中国古典選』第一〇巻）、七三頁。
（10） 同書二〇七頁。
（11） Friedrich Nietzsche: Sämtliche Werke. Kritische Studienausgabe. Bd. 4: Also sprach Zarathustra. München: Deutscher Taschenbuch Verlag; Berlin/New York: de Gruyter 1980, S. 136. この歌はニーチェが自著『この人を見よ』で引用している。岩波文庫の手塚富雄訳『この人を見よ』は手放してしまったが、若いころ愛読した。私がいま Nacht ist es. を「夜だ」と訳し、springen を「ほとばしる」と訳すのは、ぼんやりとおぼえている翻訳の凌駕しがたい部分を踏襲しているのであるが、それは手塚の訳のはずである。
（12） 武部利男注『李白』上巻、一九九二年第三七刷、岩波書店（＝『中国詩人選集』第七巻）。二四―二五頁の詩「友人会宿」より引用。
（13） シェイクスピア著大場建治編注訳『あらし』二〇〇九年、研究社、一八六―一八八頁。merrily の ly は韻を踏むために lai と読むことにしている。
（14） シェークスピヤ著坪内逍遥訳『颶風（テムペスト）』一九三四年、中央公論社（＝『新修シェークスピヤ全集』第三七巻）、一六四頁。古本でまとめて買った逍遥訳シェイクスピアの一冊。

コラム

大学生四年生、最後の授業

伊藤龍也

この出版企画は、学生が編集の仕事を実際に体験できるものである。執筆者である教授に原稿依頼をしたり、文章の校正を行ったりなど編集者の業務は多岐にわたっており、この授業では非常に貴重な経験をさせてもらった。

私は、本を読むことが好きでこの授業を履修した。とはいえ、小さい頃から本を読むような人間ではなく、高校卒業までは部活動や受験勉強、ゲームしかしてこなかった。同級生や家族に本を読む者はいなかったし、本屋ではマンガか参考書コーナーにしか立ち寄ることがなかった。そのため、本との運命的な出会いなどあるはずもなく、一切本に触れずに高校までを過ごした。しかし、大学に進学すると時間に余裕が生まれ、少しずつ本を読むようになった。様々なジャンルの本に触れていくうちに、本そのものへの興味が湧き、読む側の視点だけでなく作る側の視点に立ってみたいという思いから、この出版企画に参加した。

この授業では、学生が主体となって教授に執筆依頼をするわけだが、履修者によってその依頼方法は異なる。依頼をするにあたって最低限守ればいいことは、テーマや字数、期限などを提示することであるが、私はそれ以外の条件を付け足す必要がないと考えていた。なぜなら、ありのままの執筆者の人生や本との関係を引き出したかったからだ。だから原稿の内容が、「多様な思想」と「二〇歳前後に読んだ本」というテーマに関連さえしていればいいと思って

コラム

いたし、字数や締切、原稿内容にしつこく口出しするつもりもなかった。このような身勝手な依頼にもかかわらず、執筆を快く引き受けてくださった阿部幸信先生と飯盛元章先生に感謝の意を込めながらどのように原稿を読んだのかを紹介したい。

阿部先生には、「ふたたびそれは帰らずとも」というタイトルで入稿していただいた。特にこの原稿の魅力と言うべき点は、阿部先生の人生と本との関係性が記されていることだと思う。これまで読んできた本を単に紹介をするのではなく、その本をどのように読んだか、本を手にしていた当時の自分の心情はどのようなものだったか、などが記されている。また、原稿終盤の「本にはあらゆることが書いてあるが、それが自分にとって意味をもつかどうかは、そのときの自分次第だ」という言葉は、まさに人間と本との関係を本質的に言い当てていると思う。

阿部先生の原稿は、本との向き合い方を再確認するきっかけになったと思う。大学生になってようやく本を読むようになった私にとって、小さい頃から本を読んできた人を心から羨ましいと思うし、学生のうちにもっと本を読んでおけばよかったと後悔することもある。これから社会人になって今以上に忙しくなり、読書に充てる時間は減るとは思うが、死ぬまでに残された時間の中で本との向き合い方を模索していきたい。

飯盛先生には、「意識、〈私〉、他者から、断絶へ」という原稿のなかで、先生と学問との出会い、そして現在の研究について詳細に紹介していただいた。ここでは、飯盛先生が哲学の存在を知り、読書を通じて学問に没頭していく様

コラム

子を読み取ことができる。

　私は、この原稿を読んだとき、素直に「カッコいい」と思った。というのも、好きなことや興味があることを、一生涯かけて研究していく姿に憧れを感じていたからだ。私はもともと哲学に興味があり、哲学専攻が設置されている大学に進んだ。一時、大学院へ進み、ひたすら読書をして思索にふけるような研究生活に憧れていたこともあった。しかし、私にはそれを実現するだけの熱意がなく、これからも哲学は趣味の範囲を出ることはないと思う。しかし、大学に入学して教授と呼ばれる人々に出会い、人生をかけて自分の興味・関心を追求していくような方々が存在することを知った。私のような人間には到底真似できないような教授の生き方は、最高に「カッコいい」と思う。これから、私は大学を卒業して就職していくわけだが、この憧れは一生消えることはないと思う。いつか私もその憧れを実現する日が来るかもしれない、と微かな希望を抱きながら今を全力で駆け抜けたい。

　最後に、阿部先生、飯盛先生をはじめとした執筆に協力してくださった先生方、編集の極意を教えてくださった工作社の石原様、本のタイトル設定についてご指導をしていただいた加藤様、そして本が完成する日まで学生に親身に寄り添ってくださった中村先生、及川先生に、この場を借りてお礼を申し上げたい。皆様のおかげで「本を作る」という貴重な経験をすることができたと思う。そして、今後は出版企画で学んだことを糧にしながら、本との関わり方を真剣に見つめ直していきたい。

意識、〈私〉、他者から、断絶へ

飯盛 元章

とある北方の孤島。雪にふかく覆われた核兵器施設にぼくはいた。フロアのそこかしこで、武装したゲノム兵たちが目を光らせている。武装蜂起した彼らテロリストたちを制圧し、人質として囚われた要人を救出すること。それが今回の任務だ。

任務の基本は潜入である。むだな戦闘は極力ひかえ、彼らの目をごまかしながら先へと進んでいく。無機質な廊下を、ゲノム兵の足音がひっそりと響きわたる。ぼくは、青白い柱の影にすっと体を収める。ひんやりとした空気は、時の流れをも凍てつかせてしまったかのようだ。

ところで、このフロアにはどうやらトイレがあるらしい。さっきからゲノム兵たちが、廊下のむこうのトイレらしき部屋へと入っていく。テロリストも人間だ。この底冷えのするフロアに尿意を催すのだろう。またもあるゲノム兵が、その部屋へとむかっていく。ぼくは彼の背後をとりながら、そっとついていった。

ゲノム兵は自動ドアをくぐり抜けると、洗面台のまえを通過し、ふたつ並んだ小便器の奥側へと吸い込まれるように進んでいった。愚痴のようなことをつぶやきながら、小便器のまえに立ち、両手を股間へと運ぶ。なんて無防備な姿だろうか。ここまで行く手を阻んできた厄介なゲノム兵たち。ぼくを見つけるやいなや、無線で連絡を取りあい、寄ってたかって攻撃してきた連中だ。それがいまはどうだ。人間という生物にとって、もっとも無防備で恥ずかしい姿をさらけだしているではないか。

ぼくの指がポケットのＣ４爆弾に触れたとたん、脳内の司令本部は、ある悪魔的な計画を瞬時に立案した。その計画は、つぎの瞬間、体中の隅々にまで伝達され、すぐさま実行へと移された。鍛え抜かれた潜入スキルをもってすれば、その計画の実行はじつに容易いことである。あっという間に、背中にＣ４爆弾をつけて用を足すゲノム兵ができあがった。その絵柄をながめながら、ぼくは満足感にどっぷりと浸りこむ。まさにこの瞬間のために、ここまでやって来たのではないか。未知の快感がゾワゾワと駆け抜ける。ぼくの親指は起爆装置をそっと押し込んだ。

乾いた音とともに、哀れなゲノム兵は、あらゆる物体が従うべき法則に則って吹き飛んだ。

ぼくの耳には、すでにあらたな獲物の足音が聞こえていた。孤島の夜は長くなりそうである。なにせＣ４爆弾は、文字通り無限に設置できるのだから。この無限バンダナというクリア特典があるかぎり……

＊＊＊

たしか一九か二〇歳のバレンタインデーだったと思う。大学の近くに住むバンドメンバーの家にあつまり、プレイステーションの潜入型アクションゲーム『メタルギアソリッド』で遊んでいた。恋愛の一大イベントとされるこの日、ぼくは友人たちとともに、小便器のまえに立つゲノム兵をＣ４爆弾で吹っ飛ばすという、なんとも清々しい行為に及んでいた。人生でもっとも晴れ晴れとした記憶のひとつだ。

ちょうど二〇歳のとき、ぼくは本などまったく読んでいなかった。付属校から早稲田大学に入学し、かつて聖飢魔Ⅱなどが在籍していたバンドサークルに入った。大学一年から三年までのあいだは、そこでの活動にのめり込んでいたのだ。初心者としてサークルに入ったぼくは、メタルバンドのボーカルを担当することになり、ハイトーンのだし方やステージでの立ち振舞い方、作曲技法などを一から少しずつ身につけていった。後輩ができ、サークル内でも少しずつ人気を獲得していき、ライブハウスでのイベントなどにも出演するようになった。要するに、キャンパスライフを満喫していたのだ。

だが、じつはこの充実した生活は、中学のころからの疑問を忘却することによって成り立っていたのである。それは、ざっくりといえば、意識が存在することに対する疑問だ。この世界に、内側から世界をとらえる存在がいるということが不思議でならなかったのである。なぜこの世界は、自然科学によって外側から記述できるものだけがあふれた世界ではなかったのか。意識をもち、世界のことがらを内側から感じとる生き物が、なぜ存在するのか。生物の授業は、生物のしくみを教えてはくれるが、意識が存在するという謎についてはまったく触れない。生物学は、たしかに脳のしくみや感覚のしくみについては教えてくれる。だが、意識はそうした生物学的な装置とは独立したものとみなすことができる。生物学的あるいは医学的には、まったく正常な身体をもっているにもかかわらず、じつは意識がなく、内側からなにも感じていないロボットのような生き物がいたとしてもおかしくはない。むしろ、そこに意識という余計なものが付け加わっているという事態のほうが、はるかに不自然だ。なぜこの余計なものである意識が存在するのか。これが、中学以来、ぼくがもちつづけていた根本的な疑問であった。

中高のころ、きっと賢い先人がこの疑問に対して答えをあたえてくれているのだろうと期待し、何度かパラパラと本を読んでみたことがあった。だが、けっきょくそのころの読書経験では、この疑問に対する答えどころか、この問題の構造に触れたものにさえ出会うことはなかったのである。まわりの人間に説明しても、どうもうまく伝わらない。この構造を明晰に表現した本は、きっとこの世界には存在しない。それがそのころだしたぼくの結論であった。それでけっきょく読書をすることはなくなってしまったのだ。

ひとつ付け加えておくと、意識の存在にかんするこの一見クールな問いは、暗く湿った実存的な問題とむすびついていた。実存的な問題がきっかけとなり、クールな問いが生みだされたのである。

ぼくは、中学受験をして中高一貫校に入学した。中学入試のとくに算数の問題は、パズルのようである。多少の訓練とひらめきによってオリジナルな解法を編みだすのが、中学受験算数の問題だ。ところが中学に入ってからは、それが一変する。算数とちがい、数学の場合はとにかく公式を暗記する。それ以外の科目も、とにかく暗記だ。暗記してテスト、暗記してテスト、暗記してテスト、暗記してテスト……。どこにもオリジナリティが介入する余地なんてない。なぜ機械でもできるようなことを、わざわざやらなければならないのか。それが嫌でしかたがなかった。

そもそも最初から機械のような存在だったならば、楽だったのではないか。いや、その場合、楽だと内側から感じる主体そのものがいないわけである。それはもはや、楽であることを超えた、究極の救いのようなものだ。この世のあらゆる苦しみは、苦しみをわざわざ内側から感じなければならないということに原因があるのだと思う。人生なんて、過去にだれかが悩んだものと同型のものを、あらためて悩むということの連続だ。なぜそれをわざわざ内側から感じなければならないのか。全自動ロボットがそつなくこなせば良い。ぼくとはまったく無縁の、だが意識がないという点以外は現状のぼくとなにひとつ変わらない存在が、勝手にうまいことやっていてくれればそれで良かったのだ。なぜ意識が存在するのか。

このようにして、実存的な問題が、意識の存在にかんする問いを生みだしたのである。ぼくの中学以来の疑問は、〈根源的なペシミズム ＋ 意識の存在に対するクールな問い〉でできあがっていた。この複合体を、大学での充実したキャンパスライフが表面的には忘却させていたのだ。

だが、大学三年のころ、周囲のひとたちが就活をしはじめ、ぼく自身も将来について漠然と考えはじめることになった。そのなかで、先ほどの疑問とあらためて向きあい、本を読みあさるようになったのである。ぼくはこのときの読書経験で、ようやく哲学という学問分野があるということを知った。そして、ぼくが中学のときから考えていたようなことを、学問として大真面目に議論しているひとたちがいるということを知ったのである。

ここでは、そのときに読んだ本を紹介することにしたい。野矢茂樹『哲学の謎』（講談社現代新書、一九九六年）、永井均『〈子ども〉のための哲学』（講談社現代新書、一九九六年）、エマニュエル・レヴィナス『時間と他者』（法政大学出版局、一九八六年）の三冊だ。

野矢茂樹『哲学の謎』――意識

本書は、対話形式で書かれた哲学の入門書である。意識や他者、時間、自由などの哲学的テーマについて、日常的なことばで語りだした良書だ。いまもぼくは、授業のなかなどで、よくこの本を哲学専攻の学部生に勧めている。

ひじょうに豊かな内容の本だが、かつてのぼくにとっておそらく決定的に重要だったのは、第一章の「意識・実在・他者」である。この章は、地球上からいっさいの生物が絶滅したとして、それでもなお夕焼けは赤いだろうか、というやり取りからはじまる。赤さを感じる生き物がいなくなったら、夕焼けに色はなくなるのではないか。哲学の世界に足を踏み入れはじめたぼくにとって、この想定はじつにスリリングであったはずだ。

ところで、意識の存在をめぐるぼくの疑問は、世界にかんして、いわばビデオカメラモデルを採用していたといえる。世界には、さまざまな物質的事物があふれている。それに加えて、世界のうちにはいたるところにビデオカメラがあって、それらがそれぞれの視点から世界を写し撮っている。意識とは、このビデオカメラに相当するものだ。

ところが、本書の登場人物は、それでは不十分だと主張する。少し長いが、ふたりの登場人物の対話を引用しよう。

――実在のコーヒーカップから反射された光が君の眼球にとどき、視神経を刺激して脳に伝わる。そして脳のしかるべき部位が興奮して君にコーヒーカップの知覚像を見せる。君はここで、テレビの中継のようなことを考えてないか?

テレビの中継? そう言ってもよいかもしれない。現場が向こうにあり、そこで撮影した情報が意識の画面に映るというわけだ。うん?……そうか。そうすると、「ここ」と言って指差した場所が「どこ」なのかは問題かもしれない。

――どうも奇妙なんだよ。撮影現場はテレビのある位置から遠く隔たっている。そこから情報が伝えられて、君は君の心の小部屋にある画面を見ている。例えばそこに事故の場面が映る。でも、それはどこで起こった事故なのか。君は「ここ」と指差す。だけど、それはテレビのある君の部屋の一隅なんだ。
なるほど……、君の感じている疑問が分かってきた。……私は私の知覚像が映しだしている現場を指差さねばならないはずだ。しかし、どこを指差そうとも、それは私の意識の世界でしかない。「ここにコーヒーカップがある」、私はそのコーヒーカップに触れてみる。しかし、私は実在のコーヒーカップに触れたのではない。指先に伝わるその感触は、私の触れたコーヒーカップ、やはり私の意識の世界のものでしかない。だとすれば、私は意識の世界の「ここ」に触れたのであり、それはテレビの画面に触れたに等しい。実物のコーヒーカップのある現場は、そこにはないかもしれない。（一七—一九頁）

ビデオカメラモデルは、実在の世界があって、さらにそのなかに無数のビデオカメラがあり、それぞれが世界を内的に写し撮っている、という世界観である。しかし、そのビデオカメラの映像しか見れないのだとすれば、つまり、内的に感じられるものにしかアクセスできないのだとすれば、ぼくはいったいどうやってその映像を超えた実在の世界について言及することができるのだろうか。実在の世界そのものなんて見たことないのだから、ほんとうはそれは存在しないのかもしれない。ぼくとおなじように世界を内的に感じとっているのだと想定していた他人も、ほんとうは存在しないのかもしれない。

こうした方向の思考は、哲学では認識論的懐疑論と呼ばれる。これが行き着く先は、「私の意識だけがすべてだ」と考える独我論という哲学的立場である。こうして、哲学に入門した人間は、「哲学の謎」につぎつぎにはまり込んでいくことになる。

永井均『〈子ども〉のための哲学』――〈私〉

本書は、ふたつの哲学的問いからなる。前半は「なぜぼくは存在するのか」という問いを、後半は「なぜ悪いことをしてはいけないのか」という問いをあつかっている。かつてのぼくにとって重要だったのは、もちろん前半の問いだ。

著者の永井均は、〈私〉をめぐって哲学をしつづけている哲学者である。かつてのぼくは、哲学の入門書を何冊か読んだすえに永井の著作へとたどりつき、彼の議論こそが自分自身の問題を明晰に表現したものであると思っていた。その当時は、のめり込むように永井の著作を読んでいた気がする。最近、『現代思想』という雑誌の企画で永井本人にインタビューをする機会[1]があり、感慨深いものがあった。とはいえ、いま思い返せば、かつてのぼくが抱いていた疑問の構図と永井の議論とはやはり異なっている。まず、永井による〈私〉をめぐる議論について確認しよう。

永井は、彼が子どものころに抱いた問いをつぎのように表現する。

一組みの男女がセックスをして、ある特定の人間が生まれ、そいつが「永井均」と名づけられる。そこには何の不思議もない。でも、その子がどうしてぼくでなければならなかったのか、ぼくはどうしてそいつでなければならなかったのか、ここにはどうにも説明のつかない神秘がある。その子が生まれ、成長し（いまこの原稿を書いていながら）そいつはぼくではないという状況もじゅうぶん考えられるはずではないか？ そもそもぼくなどぜんぜん存在しなくてもよかったし、別のやつがぼくでもよかったのではないか？（四三頁）

現にいまいる永井均とまったくおなじ身体をもち、さらに自己意識をももつ人物がいたとしても、そいつが〈ぼく〉ではないということはありうる。永井は、このように主張する。永井均という人物からまったく独立した、この〈ぼく〉というものがなければ、世界は無に等しくなる。「ぼくというものはまったく特別のもので、言ってみれば、それに対してすべてが存在している原点のようなもの、もっと正確にいえば、その上ですべてがくりひろげられる舞台のようなもの、というふうに感じていた」（三二頁）。永井は、こう振り返る。彼の問いは、原点としての〈ぼく〉をめぐる問題である。

この問題は、前節で確認した独我論といっけん似ているように思われる。独我論とは、永井自身の説明にしたがえば、「自分だけが存在し自分以外のものは（自分の心の中にしか）存在しない」（三〇頁）という考え方だ。永井は、当初〈ぼく〉をめぐる問題と独我論とを同一視していたと振り返る。だが、両者ははっきりと異なるのだと述べる。両者はふたつの点において異なると整理することができるだろう。

一点目は、〈認識論か／存在論か〉のちがいである。永井は、哲学で論じられる独我論を「認識論的な独我論」と呼ぶ。そこで問題にされるのは、つぎのような問いだ。私は私自身の心のなかについてしか知ることはできない。では、どうやって他人の存在を認識するのか。認識論的な独我論においては、こうした認識にかかわる問いが問題になる。それに対して、永井は、〈ぼく〉の存在を問題にする。永井からすれば、たとえ認識できないとしても、とにかく世界のうちに自己意識をもった他人たちが存在していてもかまわない。そうした無数の人間たちがいるなかで、なぜこの〈ぼく〉という特別な原点が存在するのか。永井はこのように問う。

二点目のちがいは、〈一般化をするか／しないか〉のちがいである。認識論的な独我論は、「私という檻のなかに閉じ込められている」という構造はだれにでもおなじように当てはまるのだと考える。それに対して、永井はこうした一般化をきっぱりと拒絶する。〈ぼく〉という特別な原点が存在するという事実は、永井にとってのみ妥当することなのだ。

この最後の点は、永井の議論を複雑なものにしていく。永井の主張を聞いた者は、とうぜんながら、それぞれ自分のことに置き換えて理解するだろう。つまり、永井の主張は言語化されて他人に届いたとたん、その人にとっての「ぼく」にかんする議論へと変質することになる。そして、それぞれにとっての原点が無数にある、という世界観が導かれることになるのだ。しかし、そもそも永井がいいたかったことは、そのように無数にある原点のうち、なぜ現にこの唯一の原点から世界が開かれているのか、という問いだったのである。

このように永井の議論は、それぞれの視点に相対的な無数の原点があるという見方と、そうした無数の原点のうち、なぜか唯一の絶対的な原点が存在するという見方とが相互に反転しながら絡みあうように展開していく。永井は、後者の見方を「独在性」と呼び、そちらを積極的に主張する。しかし、その主張には、前者の相対化された見方が否応なく絡みついてきてしまうのである。

さて、かつてのぼくは、永井のこうした議論をのめり込むように読み、いわばそれに心酔していたわけだが、いま思い返せばぼくの疑問の構図と永井の議論とは異なっている。そのちがいについて、二点指摘しておきたい。

一点目は、〈絶対的か／相対的か〉のちがいだ。かつてのぼくは、ビデオカメラモデルで考えていた。ビデオカメラが無数にあるモデルだ。このモデルは、それぞれの視点に相対的な無数の原点がある、という見方に対応している。それに対して、永井は、独在性という絶対的な唯一の原点の存在を主張する。永井もかつてのぼくも、認識論的な独我論とは異なり、原点の存在を問題にしているという点では共通している。しかし、その原点のあり方が両者において異なるのだ。

二点目は、〈オプティミスティックか／ペシミスティックか〉のちがいである。永井は、独在的な〈ぼく〉が存在することを〈奇跡〉であると表現する。そこに価値的なニュアンスは込められていないのかもしれないが、それでもどこかオプティミスティックな雰囲気が感じられる。永井にとって、〈ぼく〉という原点が存在することは良いことなのだ。それに対して、かつてのぼくの問いは、ペシミスティックな直観にもとづいていた。ぼくにとって、この原点が存在することは、悪いことなのである。

エマニュエル・レヴィナス『時間と他者』——他者

本書は、フランスの哲学者エマニュエル・レヴィナスの講演をもとにした著作である。二〇世紀のドイツで、現象学という哲学的潮流が誕生した。エドムント・フッサールという人物がその創始者だ。日常的に前提となっている見方をいったんリセットし、経験に現象するものをありのままにとらえてみよう、というのが現象学のスタンスである。フッサールのこの現象学を、マルティン・ハイデガーがさらに深化させていった。そうしたドイツの哲学をいち早く学び、フランスへと持ち帰ったのがレヴィナスである。

かつてのぼくは、哲学の本を少しずつ読むなかでレヴィナスの名前を知ることになった。そして、学部四年のときに出席していた演習で、レヴィナスについて質問したところ、河合孝昭先生に、読みやすい著作である本書を勧めていただいたのである（ちなみに、ぼくは学部に五年間在籍していた）。かつてのぼくにとって、そしていまのぼくにとって、本書のポイントとなる特徴は三点ある。

一点目は、存在に対するペシミスティックな見方だ。永井は、〈私〉の存在を〈奇跡〉と表現し、その議論にはオプティミスティックな雰囲気が漂っていた。しかし、レヴィナスは存在を徹底的に重苦しいものとして描きだす。レヴィナスは、個々の具体的な存在者が成立する手前ののっぺらぼうのような純粋な〈ある〉を想定する。それは、不眠の夜のように、そこからけっして身を引き離すことのできない忌まわしい場として描かれる。

二点目に移ろう。レヴィナスはこの〈ある〉という忌まわしい場から、意識をもった自己が成立するしかたを描きだす。ふたたび永井との比較でいえば、レヴィナスは、永井が語ることのなかった、原点（あるいは意識）の発生を語るのである。永井は、〈私〉の存在を〈奇跡〉と表現し、その手前については語らない。もちろん、そのほうが哲学的に徹底しているのだともいえる。だが、かつてのぼくにとって、〈ある〉というよくわからない場から意識が発生するしくみを語るレヴィナスの議論は、とても魅力的なものに映った。レヴィナスは、〈ある〉という場に飲み込まれるがままだった状態から、〈ある〉を支配する意識が発生するさまを語る。こうして生まれた意識は、イニシアティヴをもった自由な主体となる。だがそれは、自己自身に釘づけとなり、自らの存在の重みにあえぐ孤独な存在者なのである。ここにも、存在することに対するペシミスティックな見方がある。

三点目は、他者性をめぐる議論だ。意識は自己自身にかかりきりになる。意識のこうした重苦しい自己同一性に穴をあけ、それを外部へと向けさせるきっかけとなるものが他者性である。レヴィナスは、死や未来、他人といった具体的な場面を挙げながら、他者性について語る。他者性とは、認識の光を逃れ去り、主体のイニシアティヴを引き裂いて、それを徹底的に受動的なポジションへと陥れるようななにかだ。光からどこまでも逃れ去るが、それゆえに私を惹きつける闇のような他者性。この概念は、かつてのぼくを魅了し、そしていまのぼくをも惹きつけつづけている。

最後に、レヴィナス自身による表現を引用しておこう。レヴィナスは、エロスにおける他者性について、つぎのように述べている。

愛撫とは、主体が他者との接触においてこの接触の彼方にまで行くような、その主体のひとつの存在様式である。感覚であるかぎりでの接触は、光の世界に属している。しかし、愛撫されているものは、厳密にいえば、触れられているのではないのだ。愛撫が求めているものは、触れることによってあたえられるこの手の滑らかさやぬくもりではない。〔……〕愛撫とは、逃れ去っていくなにかとの戯れのようなものである。それは、企図も計画ももたない絶対的な戯れなのであって、わたしたちのものになったり、わたしたち自身になったりすることができるものとの戯れではない。他なるなにかとの、つねに他であり、つねに到達不可能であり、つねに来るべきであるようななにかとの戯れである。愛撫とは、この内容を欠いた純粋な未来を待ち望むことである。（九〇―九一頁、一部筆者による訳）

現在の研究――断絶へ

ぼくは、けっきょく哲学専攻の大学院へと進学した。大学三年になって存在を知った哲学という学問を、もっと勉強したいと思ったのだ。これまでの話とむすびつけつつ、大学院時代から現在にいたるまでのぼくの研究についてごく簡単に紹介したい。

ぼくは、中央大学大学院の哲学専攻に進学し、指導教授の中村昇先生の演習でアルフレッド・ノース・ホワイトヘッドの存在を知った。この哲学者は、とんでもなく壮大な発想をする人物だ。彼にしたがえば、あらゆるタイプの事物が世界を内的に感じとる原点なのである。ホワイトヘッドからすれば、内的な活動を欠いた物質なんてものは、そもそも存在しない。人間やその他の生物だけでなく、石や電子も、それぞれの視点から世界を内的に感じとっている。それぞれの原点は、そうした感じを統合することによって、ひとつの統一した存在者となる。ホワイトヘッドは大胆にも、宇宙中に散らばる無数の原点の発生を描いているのだ。

ぼくは、ホワイトヘッドのこの壮大な世界観に惹かれ、彼の哲学を専門に研究することにした。だが、研究をつづけるなかでわかってきたことがある。それは、ホワイトヘッドのモデルは、原点どうしの距離があまりにも近いということだ。そこには、レヴィナスが語っていたような他者性が欠けているのである。

ぼくの研究に、他者性の要素を導入することを可能にしたのは、グレアム・ハーマンである。ハーマンは、ホワイトヘッドとおなじく、あらゆるタイプの存在者をいわば原点としてあつかう。だがハーマンの場合、ホワイトヘッドとは異なり、それぞれの原点は他の原点に対して深い闇を隠しもっているのである。つまり、原点どうしのあいだには、徹底した断絶があるのだ。ぼくはハーマンの議論を補助線に、ホワイトヘッドについて博士論文を執筆した。そしてその論文を『連続と断絶——ホワイトヘッドの哲学』(人文書院、二〇二〇年)として出版した。

レヴィナスの他者性をぼくなりに受け継いだ「断絶」という概念は、ぼくの研究のなかでキータームとなっている。断絶は、おおざっぱに二種類にわけることができる。ひとつは共時的な断絶である。空間的な断絶といっても良い。共時的な他の事物とのあいだに断絶があるということだ。これは、さきほどのハーマンの議論とつながる。断絶のふたつ目は、通時的な断絶である。時間的な断絶ともいえるものだ。ぼくは、いまこの方向であたらしい思考を練っている。(2)

どんなものもつぎの瞬間には、これまでのあり方を一変させて、まったくちがうあり方へと劇的に変化してしまうかもしれない。冒頭のイメージを援用すれば、あらゆるものにC４爆弾が仕掛けられているのだ。個々の事物であれ、世界そのものであれ、物理法則であれ、どんなものもとつじょ背中のC４爆弾が爆発し、これまでの連続的な同一性を破壊されるかもしれない。存在するとは、背中にC４爆弾が仕掛けられていることである。

このあらたな議論は、カンタン・メイヤスーの議論に依拠している。本を読み、思考を深めるという作業は、今後もつづいていくことになりそうだ。「三〇歳のころに読んだ本」、「四〇歳のころに読んだ本」といった企画があれば、この物語のつづきについてくわしくお話ししたいと思う。

（1） つぎのものを参照。永井均（聞き手＝飯盛元章）「いま心を哲学する」（『現代思想』二〇二〇年六月号所収）。

（2） つぎのものを参照。飯盛元章「哲学はなぜ世界の崩壊の快楽を探究してしまうのか――パンデミックから破壊の形而上学へ」（現代新書ウェブ、https://gendai.ismedia.jp/articles/-/76617）。

岩波的昭和的教養と情報資本主義

中澤 秀雄

父の書棚には昭和三〇―四〇年代にスタンダードだった岩波新書（いわゆる青版・黄版）が並んでいて、高校生の私は受験勉強の合間に手に取ることがあった。池田潔『自由と規律』（一九四九年）、大河内一男『戦後日本の労働運動』（一九五五年）、梅棹忠夫『モゴール族探検記』（一九五六年）、丸山真男『日本の思想』（一九六一年）、市井三郎『歴史の進歩とはなにか』（一九七一年）、等々。これらの新書は時代に流されない社会科学的常識と同時に、各分野の第一人者の手になる知的興奮を入門者に届けた。現在の岩波新書（赤版）は、と言えばフロンティアを追うのに急で、このようにスタンダードかつ刺激に満ちた教養を遍く世代を超えて継承する機能を果たせていないのではないかという疑いがある。

書名は印象に残ったものの未読のままで、はるか後、学者になってから役立った本もある。『ああダンプ街道』（一九八四年、黄帯）という、岩波らしくもアカデミックらしくも聞こえない残念なタイトル(1)は、じつは東京大学保健社会学研究室の佐久間充による優れた学術調査報告書である。自らの出身地である千葉県君津の山々から土砂が激しく削られ、早朝から深夜に及ぶダンプの往来によって街道沿いの家々が健康・生命の危険にさらされていることを知った佐久間は沿道住民の健康調査を開始する。千葉県中央部から東京湾に向かう街道は過積載のダンプがひっきりなしに行き来し、騒音粉塵はすさまじく、居眠り運転のダンプに飛び込まれて破壊された家屋、ダンプに轢かれて亡くなる子どもの例が後をたたなかった。保健学者として佐久間は街道を一軒一軒訪問して住民の健康被害を証拠だてることから仕事を始めるが、学者として公平かつ挑戦的なことに、ダンプの運転手への聞き取り調査も敢行した。傍若無人なダンプに対する怒りから始まった彼の調査だったが、ダンプ運転手の方も構造的被害者であることが判明する。一台何千万円のダンプトラックを運転手自身が購入しなければならない業界慣行ゆえに、莫大な借金を背負い、運搬料を買いたたかれるために早朝から深夜まで、違反承知で過積載し飛ばさざるを得なかったのである。「もともと一匹狼の連中だから、交渉して運搬料を上げようとしても、抜け駆けするやつが出て事業主に足下を見られるばかりだ」と本書に登場する運転手は嘆く。そして最後に、読者にも当事者性の刃が向けられる。これら沿道住民と運転手の犠牲の上に運ばれる山砂こそ、世界最大の都市東京の繁栄を支えていたのだ。都心に林立するビルディングを構成するコンクリートの体積の六割は山砂である。距離的にも千葉の山中から運ぶのが理にかなっている。近年では、羽田空港の第四滑走路工事にも君津の山砂は使われた。このように、グローバルシティ東京を何が支えているのか、誰が犠牲を払っているのか、実証的・構造的に暴いて見せた本である。調査手法・倫理という点でも、アクチュアリティという点でも先駆的業績であり、社会学者なのに本書を見逃していたことを、千葉大学に勤めはじめた三〇歳の私は恥じた。出発点の仮説を躊躇なく踏み越えて問題構造の全体を把握しようとする学者倫理、そして解決策までを見通す態度は、今でも私の手本である。解決策について話し損ねたが、調査のなかで佐久間は、「神奈川県の中井地区には過積載のダンプはない」という話を耳にする。それは執念をもった一警察官がダンプ運転手に働きかけ、組合を作らせて、荷主の買いたたきを防止することにより、誰にとっても不合理な状況を回避した実践だった。経済学の用語で言えば「囚人のジレンマ」あるいは「共有地の悲劇」を回避するのは、連帯・協力による相互規制ルールの創出だった、という話である。

さて、以上は「二〇歳当時はタイトルが気になったものの積ん読だった本が、後年学者になってから役だった」という話で、二〇歳前後の読書体験という依頼趣旨に応えていない。そこで改めて当時読んだ岩波新書を思い出すと、加藤周一の『羊の歌』(一九六八年・青版)『続・羊の歌』(同)が印象深い。多くの新聞雑誌に連載を持っていた昭和を代表する知識人(二〇〇八年没)の自伝的エッセイである。田舎の高校生には想像もできない洒脱で知的な、ヨーロッパ文化が日常に溶け込んだ東京生活が戦火の迫る中でも、戦後の安保改定反対闘争の中でも、営まれていた。「これは東京の大学に行きたい、行かねばならない」と思わせるに十分だった。加藤をはじめ昭和期には論壇主流だった戦中世代の思考を支える戦争体験の不条理を追体験することもできた。大学進学後に影響を与えた本ならば、岩波新書ではないがデビッド・ハルバースタムの『ベスト&ブライテスト(上)(中)(下)』(原著一九七二年、訳書は朝日文庫から一九九九年に刊行)だろうか。ハルバースタム(一九三四―二〇〇七年)はベトナム戦争の危険な現場報道で名をあげピュリッツアー賞を受賞したジャーナリストだ。帰国後、この戦が軍事大国アメリカの挫折として終わりつつある中、何故USAは――そして、ホワイトハウスで働くアメリカの最も優秀な人々（The Best and the Brightest）は――この悲惨な戦争の泥沼に足を突っ込んでしまったのか、という疑問を追究して本書を執筆した。ケネディ政権期に遡って歴代ホワイトハウス関係者にインタビューを重ね、上中下三巻に及ぶ長大で緊密なノンフィクションに仕上げた。この本は事実を持って語らせるスタイルなので、結論めいたことは書かれていないが、訳者の浅野輔氏が次のように要約している。ベスト&ブライテストたちは、「人間的苦悩や道徳的呵責の念を超越した驕れる主役であった。そのような問題に執着するのは女々しく優柔不断とされた。彼らにとって問題は、『シナリオ』であり、『オプション』であり、『コスト』であった。北爆計画も、それを勧告したマクジョージ・バンディによれば、『ベトナムにおける敗北という対価に比べれば安い』のであって、無差別爆撃の非人道性は一顧だにされなかった。彼らに欠けていたのは、苦渋に満ちた決断に際し、その道を誤らせないための確固たる道義的信念だった」（訳書下巻、四〇八ページ）。真のジャーナリズムとは徹底した現場取材とともに、学者と全く変わらない緻密な考証によって成立するのだと学んだ。なぜ日本のジャーナリズムでは、これに匹敵する作品が生まれないのか、比較制度論として（文化論ではない）考えるに値する。

さて読者には、ここまでの内容で既に、重厚な古典や専門書を挙げられている他の先生方の原稿と、いわばジャーナリスティックな私の読書リストが異なることに、気づいているだろう（当然、本書内の他原稿は見ていないので推測だが）。私の読書遍歴は、ぜんぜん学者らしくないのである。

一九九〇年代初頭は「ニューアカデミズム」（今や死語だが、一九七〇年代中葉までの制度化された近代学問を批判し、軽やかにドゥルーズらの思想を導入し、脱近代＝「ポストモダン」を目指す新世代の学問潮流を指していた）全盛の時代で、フランス思想を解説した浅田彰や仏教哲学・実践の深遠さを垣間見せる中沢新一[2]による斬新な書物群が出版界で持て囃された。私も新大学生として人並みに手に取ったものの、論旨の行き先が分からない印象を持ち、読むのを止めてしまった。副作用として、読みこなすのに時間のかかる哲学・思想系の書籍全般についても関心が薄らいでいった（もう少し岩波文庫系の古典を読んでおけば良かったと今、後悔している）。それよりも同時代の都市・地域において現在進行形で進展している格差や社会課題のリアルの方が気になったし、追究の優先度が高いと思った。純粋に、自分の生活体験・生活構造と異質な、様々な生活世界を知りたいという好奇心も強かった。じっさい後年、佐藤郁哉『暴走族のエスノグラフィ』（新曜社、一九八四年）[3]という作品を知り、このように主流とは異質の生活世界を記述する仕事に早く接していれば、自分の目指すところを言葉にしやすかったなと思った。だからフランス文学でも専攻しようかという入学当初の気の迷い（これは前記した加藤周一・大江健三郎といったヨーロッパ文化を血肉にしていた知識人への憧れが大きかった）は直ぐに消滅し、芸術・文学・哲学分野の教養の分厚さや読書量ではとても勝てそうにない文学部の同級生には早々に降参して、社会学専攻に狙いを定めたのである。社会学なら、西洋的教養や読書物量とは別次元の、多様性への適応能力とフィールドでの嗅覚で勝負できるのではないかと直観したからである（これを言語化できたのは後年のことで、二〇歳当時はうまく表現出来なかったが）。ハルパースタムを目指してジャーナリストになる選択肢もあったはずだが、当時は決してオーラルコミュニケーションが得意ではなかった私には学者の道に進むことが自然と思えた。

ちなみに私はかつて寡黙な少年だったと講義内で発言すると、現在の中大受講生は冗談だと思って笑うのである。失礼だね。しかし、本エピソードは「人間は後天的に変われる」ことの例証だから、学生諸君への励ましとして、ちょっと寄り道したい。社会学者として様々なテーマを掲げて国内外でインタビューを行うようになった私は、受講生に対しても日常生活でも旅先でも、相手に質問し喋らせる作法が身につき、Talkative な人だと思われている。実際にはモノローグ的に喋ることは殆どなく（今でも時間をとった自説展開は苦手だ。相手が詰まらなく思っているのではないかと不安になる。このあたりも大学教師らしくない）、多様な背景をもつ相手に対して質問の糸口を見つけて、相手に気持ちよく喋らせる能力を、二〇代後半以降に身につけたということだ。先日、北海道のファームインに泊まったときには「あなたの質問は明らかに他の人と違う。食品業界とかで営業キャリアが長いんですか？」と尋ねられた。このあたり、吉田豪『聞き出す力』（日本文芸社、二〇一五年）や大谷佳子『質問する技術　便利帖』（翔泳社、二〇一九年）など、質問力を鍛える方法論の本も出るようになったので、気になる方は参照すると良い。

話がそれたが、フィールドでの嗅覚で勝負すべく二一歳の私は社会学科に進学した。といっても、当時の日本社会学は今ほど実証志向ではなく、同時代の優れたフィールド調査の成果も少なく、調査史の再評価をする仕事も少なかった。(4) その結果、社会学教科書ではフィールド調査というと、W・

F・ホワイト『ストリート・コーナー・ソサエティ』（原著一九四三年、奥田道大・有里による日本語訳は有斐閣刊、二〇〇〇年）とか、B・マリノフスキー『西太平洋の遠洋航海者』（原著一九二二年、増田義郎訳の最新版は講談社学術文庫から二〇一〇年刊）とかが論じられていたものである。さすがにマリノフスキーはマズイでしょう（現代日本のフィールドワーカーにとって参考にならなさすぎる。学説史上、重要な文献なのは間違いありません）。いまなら、同じ古典でも有賀喜左衛門（『日本小作制度と家族制度』、原著一九四三年）や横山源之助（『日本之下層社会』、原著一八九九、岩波文庫に収録）などが挙がるのではないかと思うし、何より佐藤郁哉以降、すぐれたフィールド調査成果が陸続と出されて（注3を参照）、これこそ社会学固有の貢献と思われるようになっている。三〇年で学問潮流は大きく変わった。また私自身も、この二〇年ほど全国各地のまちづくり活動に接する中で、濃厚な爪痕と息づかいを伴う言葉を紡ぎ出す実践家に多く会い、まず生身の人間との対話を通じて自分が変わってきた実感がある。若い学生にも、二一世紀だからこそアクセス可能になった、同時代の本物の大人に沢山会って言葉を交わしてほしいとも思う（ただし読書によって背景を知り、かつ事後的に検証し理論化することは必須である。「書を捨てよ、街に出よう」（寺山修司）ではなく、「書を持って街に出よう」というべきだ）。

この新たな学問潮流に棹さすならば、言い換えれば今私がフィールド調査を目指す大学生だったとしたならば、必読文献として船橋晴俊『社会制御過程の社会学』（東信堂、二〇一七年）、鎌田とし子『貧困の社会学』（御茶の水書房、二〇一一年）、それに緒方正人『常世の舟を漕ぎて』（世織書房、一九九六年）等を薦めたい。簡単に内容を紹介する。

■船橋晴俊『社会制御過程の社会学』：船橋晴俊（一九四八―二〇一四年）は戦後日本社会学の実証主義を牽引し、環境社会学会を設立して学会をリードすると同時に、日本学術会議「高レベル放射性廃棄物の処分に関する検討委員会」の提言（二〇一二年）や原子力市民委員会報告書『原発ゼロ社会への道』（二〇一四年）の取りまとめを通じて公論の場を作り社会への提言を行った。とくに「受益圏・受苦圏」論は日本社会（学）の経験を世界に発信する鍵概念である。本書は、名古屋新幹線問題（4章）や三島・沼津コンビナート問題（6章）のように高度成長期に問題になった事件の分析から始まり、第Ⅱ部では国鉄累積債務問題に代表される「政府の失敗」（12章）、水俣病事件における行政組織の解剖（13章）、再生エネルギーの普及を阻む要因分析（11章）など現代日本を代表する組織問題を鮮やかに分析している。第Ⅲ部は原子力政策のパラダイム転換を訴え（19章）、高レベル放射性廃棄物問題に切り込み（21章）、震災への対処を通じて日本の制御システムに欠けている要素を浮き彫りにしようとする（20章）鬼気迫る仕事で、二〇一四年夏の突然の筆者逝去により未完となった遺稿群である。理論と実証を噛み合わせようとする社会学徒なら必ず通過しなければならない、圧倒的な知性の軌跡が弟子たちにより一冊にまとめられている。

■鎌田とし子『貧困の社会学』：夫の哲宏との共同作業として、鎌田先生は重化学工業の現場である北海道室蘭市の徹底した現場調査を継続してきた。その成果は『社会諸階層と現代家族』（御茶の水書房、一九八三年）、『日鋼室蘭争議三〇年後の証言』（同、一九九三年）として上梓されてきたが、本書は鎌田夫妻のライフワークの集大成になっている。鎌田夫妻は日本のE.O. Wrightと呼ばれるべきマルクス流立場をとり、その階級論は「一億総中流」を唱えてきた日本の主流派社会学とは鋭く対立するが、格差と孤立が社会問題化している今、どちらのサイドが現実を正しく捉えていただろうか。鎌田夫妻の調査研究の特徴は、いわば「分割統治」のように企業間格差として作動する資本主義の構造を「社会層」別の棲み分けとして描き出すところにある。分割統治の現場を知らない人には見えない世界なのである。本書は集大成なので取っつきにくいが、労働者に伴走して三〇年間調査を続けた迫力は伝わってくるだろう。筆者のブレない理論的背景とともに、現場の手作業を大事にし実証を怠らない姿勢、研究人生を貫くストーリーと志、これらは社会学者の鏡であると言いたい。

■緒方正人『常世の舟を漕ぎて』：水俣市の北隣、芦北町女島の漁師である緒方は六歳のとき父を水俣病で亡くし、長じて自らも病に悩まされて水俣病認定申請患者協議会会長に就任、テーブルに座り込みチッソ・国と激しく対立する武闘派として知られた。ところが一九八五年、数か月「狂った」(思想的に苦悩し幻覚を見た) 末に患者協議会を脱退し水俣病認定申請を取り下げると宣言する。そして「常世の舟」と呼ぶ木造の手漕ぎボートで水俣川河口からチッソ本社前に至り、座り込んで「問いかけの書」を書いた。システムとして人間としての責任を回避しようとする国やチッソに「愛想が尽きた」。そして無関心を装う一般の民にも、患者団体にも「人間として戻ってはいよ」と呼びかけたことは、その後の水俣市の「もやい直し事業」に無視できない影響を与えた。本書は、こうした緒方の思想と行動の足跡を、本人の語りを基に辻信一が編集したものである。だから学問的フィールド調査の成果という枠組みには入らない。しかし、日本列島の周縁とされる部分に突き抜けた実践者・思考者がいるという事実と凄みを実感できる。緒方をはじめとする無数の地上の星が日本版「野生の知」(La Pensée Sauvage) であり、それと格闘し追体験し学問知と嚙み合わせることが可能になった現在に生まれて良かったと著者は思う。なお本書は一度絶版となり、二〇二〇年に辻信一による後年の聞き書き等を補訂した『熟成版』が素敬 (sokei) パブリッシングから出版されているようだが、著者は未読である。

ところで、今挙げた著者は全て、岩波書店から本を出したことがない点で共通する。これが本稿タイトルの意味である。岩波がカバーしていない知性が学会や尖端を代表することは、もはや珍しくない。かつて岩波新書が保証していた（岩波新書を読めば身につくと二〇歳なりに期待できた）「昭和の社会科学的教養」は雲散霧消してしまい、いま岩波新書（赤版）を読んだところでスタンダードな教養が身につくとは言えない。岩波書店編集者の目利き力の低下も指摘できるかも知れないが、それよりも社会に流通する情報量が増えすぎ、情報資本主義の奔流のなかでスタンダードを定義できなくなった、という方が正確だろう。現在、日本では年間八万点以上の本が出版されているが、半世紀後にも読み継がれている本は、果たしてその何％あるいは何‰だろうか。資本主義の都合により激しいサイクルで本が量産され忘れられていくのが現実である。これに抗して本物を見分けるには、ＡＩが意味判断なしに提示するアマゾンの「お薦め」機能では駄目で、読書経験を持つ他者の力を大いに借りなければならない。その意味で本書を活用してほしいし、加えて本書の企画に注文を付けると、成功者の昔話に止まらず現在進行形のお薦めを積極的に提示させるべきだったと思う。

本稿は父の書棚から話を始めた割に、ここまで父が再度登場しないことが気になっているあなたは、伏線を読み込める熟達の読者である。亡父の残した岩波新書ラインナップは古本屋に持ち込んでも値段がつかないが（情報資本主義メカニズムの自然な帰結）、半世紀経過しても私の書棚に鎮座している。そして、岩波的教養が有効だった最後の時代に、父からの意図せざる贈り物を通じて自己形成した私は、高校・大学時代の読書体験を、今でも商売道具の一部としている。本稿を書く材料になったという程度の意味ではなく、授業や講演のときに、高校・大学時代に読んだ本を思い出して引用することが頻繁にあるのだ。後年役立つような読書体験をするためには、本の真贋を判断する目利き力を養う必要がある。赤版はともかく、青版・黄版をレビューすることは、この目利き力の基盤になると実感している。多くの学者の家族史と異なり、私の父（一九四二―二〇〇六年）は中学卒で町工場に働きはじめた寡黙な労働者だったが、勉強が好きで高校・大学と夜間部に通った。このように現場労働に一途に向かいあい、かつ向学心に溢れた労働者がかつて沢山居て、彼らこそが高度経済成長を支えたという事実は、『ＮＨＫアーカイブズ』に収録されたドキュメンタリー『ある人生』シリーズ（一九六四―一九七一年）を見るとよく分かる。労働者が僅かな給料から買いそろえた教養の継承者として、半世紀後にも意味を見いだされるような仕事をしなければならないと、改めて自分を奮い立たせている。本稿執筆の機会を頂いたことに御礼申し上げる。

（１）　明治時代、生糸工場で搾取された女工たちの悲哀を描いた『あゝ野麦峠』（山本茂実の小説。映画化もされた）のもじりで、このようなタイトルをつけたようだ。その意図は分かるが、手にとってもらいやすいタイトルの付け方とは言えなかろう。

（2）一九八七年には東京外国語大学助手だった中沢新一を東大教養学部に招聘する人事が同学部教授会で否決され、これに抗議する形で西部邁が東大を辞職する事件（東大駒場騒動）もあって話題になった。中沢は一九九三年から二〇〇六年まで中央大学総合政策学部教授であった。

（3）この作品はKamikaze Bikerと題して英訳されており、海外の社会学者もよく知っている。若き佐藤郁哉が、許しを得て一九八〇年代の暴走族の観察者として起居を共にし、彼らの生活世界における暗黙のルールや身体技法を文化人類学的に明らかにしたモノグラフである。佐藤以降、メインストリーム社会には理解されにくい世界に身を置いて、知られていない世界における合理性を描き出してみせる潮流は日本社会学に定着した。近年では白波瀬達也『貧困と地域』（中公新書、二〇一七年）、岸政彦『同化と他者化』（ナカニシヤ出版、二〇一三年）などが挙げられる。なお、岸と北田暁大らの手になる『社会学はどこから来てどこに行くのか』（有斐閣、二〇一八年）は対談形式で読みやすいながら、フィールド調査を核とした新しい社会学とはどのようなものか、核心に迫る手がかりを与えてくれる。

（4）再評価の仕事の先駆者の一人、川合隆男先生（『近代日本社会調査史』3巻一九八九—九四年、慶應通信の編著者）が東大での非常勤講義の最後に「こういう落ち穂拾い的な仕事は邪道ですかね？」と学生に尋ねたのを覚えている。いま学会において調査史研究は柱と言える位置づけになっているので、隔世の感がある。

コラム

学生から編集者になるために

細木勇佑

今回の出版企画で私は法学部の中澤秀雄先生と文学部の大田美和先生に原稿を頂くことが出来た。このコラムでは両先生への感謝と共になぜ私が先生方に原稿を依頼させて頂いたのかについて記していきたい。

既にご存じの読者もいるだろうが、この本は中央大学文学部の実践的教養演習という授業の一環として作られている。法学部生の私は授業の一環として本の制作に携われるという、本好きとしてまたとない機会に惹かれ他学部履修制度を使って参加した。勿論文学部の授業ということで履修者の大半を文学部生が占める中、法学部生として何か違った視点からこの本作りに携われないかと思い、まず始めに一年次に導入演習という法学部の授業でお世話になった中澤先生に声をかけさせて頂いた。

中澤先生に原稿依頼のメールを初めて送ったのは前期の授業が終了した七月下旬ごろだったが、その依頼メールに対しては今回の出版企画に対する質問とアドバイスのご返事を頂いた。今振り返って思えば七月時点の私はこの出版企画をまだ自分事にできておらず、自分の言葉で考えて出版企画を説明できていなかった。

その後中澤先生には編集者としての極意を教えて頂き、初めてこの企画の意味を自分で考えることが出来たように思う。中澤先生には「仕事を頼むことの礼節」「編集者としての熱意」「執筆者をその気にさせる必然性」の三点をお

教え頂いたが、一週間ほどこの三点について

じっくり考えて改めて原稿依頼のメールをさせて頂いた。

二度目の原稿依頼の一二時間後に八〇〇〇字を超える玉稿が返信されてきた時はあまりの早さに驚くとともに、初めて原稿を受け取ったことに興奮し、これが編集者としての仕事のやりがいと魅力の一つなんだろうと感じることが出来た。

中澤先生は主に社会学をご専門とされている方であるが、東京大学在学時に読まれていた本をご紹介して頂くと共に現代の学生がその道を目指すために読むべき本にも触れて頂いており、こちらの出版企画の意図を見事に汲み取って頂いた素晴らしい原稿である。中澤先生には改めてお礼申し上げたい。

次になぜ大田先生に原稿をご依頼させて頂いたかというと、これも一年次の授業が関係している。

法学部では学部の専門科目とは別に一般教養科目も卒業要件を満たすための単位数に組み込まれており、私はその要件の一部を満たすため英文学の授業を一年間履修した。当時高校を卒業したばかりの私は本を読むことに対しそれ以上の意味を見出せていなかったが、英文学の授業を履修して初めて目の前のテクストに真剣に向き合い、その後ろにあるものを探ろうとすることの面白さを知った。

そんな経験もあり、おこがましくも執筆者を選定していく段階で自然と英文学の先生方に興味を抱くことになった。しかし法学部生の私は文学部の先生を一人も知らず、またコロナ禍で直接お会いも出来ない中で大学のホームページから英文学専攻の先生について調べることと

コラム

なった。大田先生にお願いしたいと思ったのは、英文学をご専門とされていながらジェンダーの問題や在日コリアンなど現代の多様性を考える中で非常に重要な問題にも取り組まれていることを知ったからである。

今回の出版企画を詰めていく中でこの本に多様性を持たせたいというのが履修生全員の思いであり、大田先生のような執筆者にご参加頂くことには大変意味があると考えた。

他にも大田先生は様々な本を出版されていること、早くから歌人としてもご活躍されていたことなど直接お会いしたことは無いが調べていくうちにとても興味を惹かれ九月頃に原稿依頼のメールをさせて頂いた。

大田先生にもご快諾頂き、また文学部所属の教授として同学部の取り組みに非常に賛同されており今回の玉稿を頂くことが出来た。

大田先生の原稿では学生時代を本を軸に振り返るとともに、なぜ英文学の道に進んだのかという話が含まれており私も含め進路に悩む学生にヒントを与えてくれるようなエピソードが語られている。

また大田先生が藤沢の駅前の有隣堂書店で「立ち読み」されたというエピソードがあったが、私も高校時代予備校が藤沢駅にあり同じ書店で参考書を買ったり息抜きに書店内を眺めてみたりとした経験があり、偶然ではあるがとても親近感を抱きながら読ませて頂いた。大田先生にもこの場を借りて改めてお礼申し上げたい。

このように今回の出版企画に唯一法学部生として参加している私は、ある意味文学部の外からの視点で携われたと思う。ただ毎週活動して行く度にあまりにも楽しく、あくまで冗談ではあるが私は間違って法学部に入学してしまったのだろうかと思った。

出版企画を練っていく作業、原稿を依頼して実際に頂けた時の喜び、そして一冊の本を作り上げていく過程を体験できるものはおそらくごく少数でありとても貴重な体験ができたと感じている。

この実践的教養演習の担当教授として一年間ご指導頂いた中村先生、及川先生、執筆者として参加して頂いた諸先生方、またゲストスピーカーとして講義をして頂いた石原さんと加藤さんに改めてこの場を借りてお礼申し上げてこのコラムを閉めさせていただきたい。

誰が「真実」を知っているのか
——ラクロ『危険な関係』——

小野　潮

自分で見つけて読んだ本ではないものの（授業でテキストとして取り上げられていました）、なぜかわからないものの一読魅了され、その後もおりおり覗いてきた小説があります。ラクロの『危険な関係』です。この本が当時なぜ自分を魅了したのか、改めてこの小説を分析しながら考えてみます。まずその簡単な梗概と書簡体小説について説明するところから始めましょう。

一　『危険な関係』の梗概、多声型書簡小説が可能にすること

『危険な関係』は一七八二年に書かれた小説で、ラクロはこれ以前にも若干劇作品などを書いているようですが数は多くなく、彼が残した作品で後世読み継がれているのはこれ一冊のみです。この小説は、革命直前の貴族階級の道徳的腐敗を描き出した作品として知られる一方、一八世紀にフランスで盛んに書かれた書簡体小説で、もっとも緻密に構成された、書簡体小説の完成形を示す作品とも評価されています。

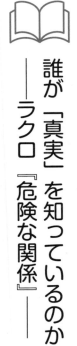

主要人物は名うての女たらしとして知られるヴァルモン子爵、表面はおこないすまし、社交界での評判も悪くないものの、異性を誘惑し快楽を貪る術策にかけてはヴァルモン子爵よりさらに上手をいくメルトゥイユ伯爵未亡人、そして美しく貞淑な人妻でありヴァルモンの巧妙な誘惑に必死に抵抗するものの、ついにはその毒牙にかかり、しかもその後に彼に捨てられ、絶望から死に至るトゥルヴェル法院長夫人です。なお他にも登場人物がかなりの数おり、それらの人物の周囲にもヴァルモンによるトゥルヴェル法院長夫人の誘惑という主筋と並行した副次的な筋が展開されています。そのなかで主要なものは、ヴァルモンとメルトゥイユをそれぞれ過去に捨てて新たな関係を結び、この両者に悔しい思いをさせた男女のうち男のほうであるジェルクールへの復讐を目的としています。ジェルクールとの結婚話が進むセシル・ヴォランジュを結婚前に堕落させ、自分は自堕落な生活を送りながら結婚相手は金髪の処女に限るなどと言い張るジェルクールを、彼の花嫁の結婚前の男性関係を彼らの結婚後に暴露してへこませようとするのです。この策略に巻き込まれたセシルは、自分が恋していたダンスニー騎士ではなく、暗闇に乗じてダンスニー騎士に化けて自分の寝室に忍び込んできたヴァルモンに凌辱され、事のいきさつを恋人のダンスニーに知られて、小説の終末では自ら修道院に入ります。

この小説は全編が登場人物の書簡で構成され、書簡の書き手としては上記ヴァルモン、メルトゥイユ、トゥルヴェル、セシル、ダンスニー、ジェルクールの他、セシルの母親のヴォランジュ夫人、××元帥夫人、ヴァルモンの叔母ロズモンド夫人等、かなりの数にのぼります。また当人が書いた手紙は小説の構成要素になりませんが、セシルの手紙の宛先としてのみその名が現れるソフィーという友人がおり、また手紙の差出人としても宛先人としても一切関係しませんが、ヴァルモンやメルトゥイユの書簡のなかでその逸話が語られるプレヴァンのような登場人物も存在しています。

書簡体小説は一声型、二声型、多声型に分類されます。一声型は、書簡体小説とは言うものの、通常の一人称の小説とさして変わりないものです。小説を構成する手紙はただひとりの人間が書いたものとして提示されます。通常の一人称小説と違うのは、その手紙の宛先人が設定され、その人物が小説を構成する手紙の特権的な読者とされる点です。二声型の書簡体小説はふたりの人間の手紙のやりとりで小説が構成されます。この場合、ふたりの人間が情報を交換し、意見を交わし合いますから、同一のできごと、同一のことがらについてふたつの意見が表明され、互いが互いを説得しようとすることになります。『危険な関係』は多くの人間が手紙を書きますから、多声型の書簡体小説です。

それでは多声型ではどんなことが起きるでしょう。具体的に『危険な関係』を見ながら観察しましょう。第一に、ひとつのできごとについて複数のものの見方が提示できます。あるひとつの事実について手紙をやりとりする者同士が異なった解釈を示すことは二声型の書簡体小説でも当然あるのですが、多声型ではこれに加え、あるひとつの同じできごとについてAという人間がBという人間に語っていることと、Cという人間がDという人間に語っていることが違うこともあります。しかも、おなじひとつのできごとの解釈が違うだけでなく、その事実自体が異なってくることもあります。トゥルヴェルは自分が田舎の友人宅ロズモンド夫人邸に滞在していて、そこには夫人の甥であるヴァルモンも滞在していることをやはり友人のヴォランジュ夫人に書き送ります。ヴァルモンが何人もの女を誘惑し、しかもその後手ひどい仕方で捨て、さらには自分の行状を世間に吹聴し、その女たちの世評を失墜させたことをよく知っているヴォランジュは、パリを離れた田舎の屋敷にヴァルモンともに滞在しているだけで、たとえヴァルモンと何の関係がなくても、貞操について悪評を招きかねないと警告し、ヴァルモンがそんな田舎にくすぶっているのは何か近くで悪さを企んでいるに相違ないので、自分の言うことが信用できなければヴァルモンの行動を少し探ってみればと忠告します。この手紙に対するトゥルヴェルの返書では、ヴァルモンが頻繁に外出するのでヴォランジュの警告に従い何か近所で企んでいるのか確認するため召使に後をつけさせたところ、悪事を企んでいるどころか、収税吏が貧民のところへ取り立てに来ているところに出くわし、その税金を肩代わりして支払ってやり、さらに施しをしていて、まことに見上げた振る舞いだったと報告されています。しかし、このトゥルヴェルの返書に続いて現れるヴァルモンからメルトゥイユへの書簡では、自分の外出をトゥルヴェルの召使が監視しているのに気づき、トゥルヴェルに自分がかつての悪事ばかり企んでいた人間から、キリスト教の精神に適った慈善に熱心な人間になったことを見せつけるためにこうしたことをおこなったと説明がなされ、しかもこれを美徳溢れるトゥルヴェルの感化によるものだと説得しようとしている旨が報告されています。トゥルヴェルがヴォランジュに対して示そうとするヴァルモン像はかつての悪人から善人へと姿を変えたヴァルモンの像であり、ヴァルモンがメルトゥイユに示そうとしているのは、トゥルヴェルを誘惑の標的とし、トゥルヴェルを騙して彼女に取り入ろうとしているという自己像です。そしてその後に現れるヴァルモンからトゥルヴェルへの書簡で彼が彼女に提示するのは、美徳溢れ清浄なトゥルヴェルを目にして、かつて送ってきた人生を恥じ、トゥルヴェルの美徳を真似ようとすると同時に、そうしたトゥルヴェルにかつての情事の相手とはまったく違った女性を見て、恋い焦がれないではいられない人間としての自己像です。

多声型で可能になるのは、このように、ある同じできごとについての複数の人間による複数の見方を示すことに留まりません。ある同じできごとについて、同一のAという人間がBという人間とCという人間に対してする説明が異なることもあります。この場合、Bに対して語ることが真実で、Cに対して語ることが偽りだというのがもっとも単純ですが、そのいずれもが偽りである場合も当然考えられます。

ヴォランジュ夫人は自分がセシルをジェルクールに娶せようとしているのに、セシルがダンスニーと恋仲になり手紙のやりとりまでしているのを知り、ダンスニーを出入り禁止にし、セシルを連れて田舎の友人ロズモンド夫人邸に滞在しに出かけてしまいます。セシルがある日あまりにやつれている（実はこの憔悴は、その前夜ダンスニーに化けて彼女の寝室に入り込んだヴァルモンに凌辱されたことが原因です）のを見て、これをダンスニーと引き離したがゆえの恋煩いと思い込んだヴォランジュ夫人は、ジェルクールとの婚約を解消し、ダンスニーとセシルを結婚させるのがよいのではないかと、信頼できる友人だと思い込んでいるメルトゥイユに相談をもちかけます。このヴォランジュからメルトゥイユへの相談の手紙に続いて現れるのが、メルトゥイユからヴォランジュへの返信、そしてメルトゥイユからセシルへの手紙、そしてメルトゥイユからヴァルモンへの手紙です。ヴォランジュへの返信は、ダンスニーとセシルの恋は若い人間の恋に恋する気持ちから発するもので、そんなものはいずれ冷めてしまうので、身分のつり合い、財産のつり合い、世間での信用、結婚に必要なそうしたすべての要素を愛情深い母親が考えて決めた結婚を推進するのが結局は最善の道だという意見を述べるものです。セシルへの手紙は、ヴァルモンとセシルのあいだに前夜起きたことについてセシルからすでに相談を受けていたメルトゥイユが、ヴァルモンとの関係はそのまま続けつつ、ダンスニーとの愛情を育み続け、結婚はジェルクールとするようにという勧めです。男女関係を自分の思うようにするには、結婚前の娘より既婚夫人のほうがはるかに楽なのだから、ジェルクールと結婚してから、ダンスニーとは夫に隠れて思う存分関係を持ち続ければいいということであり、ヴァルモンは危険な男だから結婚する前に彼と仲違いをして自分の立場を危険に陥れることはないとメルトゥイユはセシルに忠告します。さらに丁寧なことには、もし母親がジェルクールとの婚約を破棄してダンスニーと結婚させると提案してきても、それはダンスニーとの関係を洗いざらい白状させるための罠だから騙されないようにとも入れ知恵しています。そして、ヴァルモンへの手紙ではこうした一部始終を書き送っており、このダンスニー、セシル、ヴォランジュ、メルトゥイユ、ヴァルモンを巡る関係でその全体図を把握しているのはメルトゥイユとヴァルモンだけということになります。

二　情報量、分析力

この小説では人物群は大まかに言って二種類に区別できます。一方にはヴァルモンとメルトゥイユがおり、他方にその他の人物がいます。このふたつの人物群を分けるのは圧倒的な情報量の差、そして一方にはあり他方には欠けている分析力です。

先に述べた例で言えば、トゥルヴェルはヴァルモンを召使に尾行させますが、彼女が知らないのは、ヴァルモンが彼女の召使に自分が尾行されていることを知っていて、逆にそれを利用してトゥルヴェルに自分が慈善に目覚めたと思い込ませようとしていること、そしてまたその顚末をいちいちメルトゥイユに報告していることです。もうひとつの例について言えば、セシルとダンスニーが恋仲になったことは、当事者のふたりはもちろん、メルトゥイユ、ヴァルモンも知っていますが、当初ヴォランジュはまったくそれに気づかず、これをヴォランジュに仄めかしたのはメルトゥイユです。しかもセシルがロズモンド夫人邸である日突然それまでにない憔悴を見せるのはヴァルモンによる凌辱が原因ですが、これを知っているのはセシルとヴァルモンの当事者と、ヴァルモンからこれについて報告を受け、セシルからも相談を受けるメルトゥイユであり、ダンスニーはそんなことがあったとはまったく知らず、ヴォランジュはセシルのダンスニーへの思いがあまりに強すぎるせいだろうと勘違いする始末です。

しかも、ヴァルモンは必要な情報が欠けていると思えば、それをほとんど犯罪と言っていい仕方で入手することをためらいません。自分の召使にトゥルヴェルの小間使いと関係を結ばせ、それを種にして小間使いを脅してトゥルヴェルが受け取った手紙を盗ませ、またヴァルモンへの恋心を抑えがたく自らの貞操の危機を感じてパリへ逃亡したトゥルヴェルが自分の友人であり、ヴァルモンの叔母でもあるロズモンド夫人へ出している相談の手紙をトゥルヴェルの召使を買収して覗き見ることさえしています。

この圧倒的な情報量の差により、ヴァルモンとメルトゥイユは他の人物たちの動きを読み、その都度自分の利益になるような適切な対処を取れるようになります。

しかも、男女関係の機微、誘惑術の万般に通じているヴァルモンとメルトゥイユは、男女関係の進展の各段階において、人間が示す徴候を詳細に分析し読み取る術に長けています。こうして、トゥルヴェルからヴァルモンへ出される手紙が、もっぱら彼からの求愛を退ける手紙であるにもかかわらず、ヴァルモンからメルトゥイユへの手紙で報告されることを参照しつつ、トゥルヴェルがしだいにヴァルモンに魅かれつつあることが読者にも読み取れるようになります。そしてトゥルヴェルがパリへ逃亡の後にロズモンド夫人に出す告白の手紙によって、彼女がヴァルモンにすっかり魅了され、彼女が彼に身体を許さないのは、まったく操を守ろうとする一念によるものでしかないことが明かされます。すなわち、トゥルヴェルがロズモンド邸で示したさまざまの徴候についての読解として正しいのは、彼女がヴァルモンへの書簡で提示し続けていた、彼に対して持つ友情と憐憫の情などではなく、彼女がヴァルモンに魅かれていく各段階の徴候だったことが、トゥルヴェル自身にも、また読者にも得心されるようになります。自分がかつて知らなかったものの、現在ではその恐ろしさを痛感している感情についてトゥルヴェルは言っています。「これも思い上がりの当然の結果でございました。こんな気持ちが生まれてくるのを感じながら、なぜもっと早くそれを恐れなかったのでしょう。こんな気持ちは意のままに左右し征服することができるなぞと、なぜうぬぼれたのでございましょう。なんという愚か者。私は恋というものを知らなかったのでございます。ああ、もっと懸命になって戦ったら、恋もこれほどの力は持ちえなかったかもしれません。」

ヴァルモンに凌辱された後の、セシルの変化についてもやはり同様のことが観察されます。自分はひたすらにダンスニーに恋い焦がれていると思い込んでいるセシルは、ヴァルモンに凌辱されたことで、自分は恋人を裏切ったのであり、彼に愛される資格はないと思い込みます。ところがセシルを凌辱したヴァルモンのほうは、彼が何度かその晩セシルに与えた接吻をセシルは最後には拒まずに受け入れるようになったことを観察し、メルトゥイユはセシルに心はダンスニーに取ってあっても、身体がヴァルモンを受け入れることにまったく問題はなく、既婚者の恋愛はむしろそのようなものであり、恋愛の醍醐味はむしろそちらにこそあるのだと説得しようとします。そしてまもなく、セシルは毎晩のように自室にヴァルモンを受け入れながら、相変わらず熱烈な恋文をダンスニーに書くようになっていきます。こうしたセシルの変化はヴァルモンやメルトゥイユにとって思いがけないものではありません。すべては彼らが予見した通り、そして自分たちの行動が目指していた通りに進行するのです。

三 「～であること」と「～のように見えること」あるいは「～のように見せること」

このヴァルモン、メルトゥイユと他の人物群とのあいだの関係は「～であること」と「～のように見えること」あるいは「～のように見せること」の関係とも言い換えられます。さらに言い換えれば「真実」と「嘘」あるいは「見せかけ」との関係とも言い換えられます。ヴァルモンは、貞淑の誉れ高いトゥルヴェルを陥落させることを彼の女たらしの経歴の大きな武勲とするために彼女を誘惑しようとしているとメルトゥイユに言い、その誘惑の過程の進行をメルトゥイユに逐一報告しています。ところがヴァルモンがトゥルヴェルに語るのは、何ひとつ非難のしようのない完璧な人間である彼女に接して、恋の悶えに煩悶しつつ、トゥルヴェルの言いつけには、自分の感情を「恋」と呼ぶという一点を除いて、ひたすら彼女の意を迎えようとする人間としての自分の姿です。

メルトゥイユが周囲の人間、とくに社交界で婦人の評判を左右する年配の婦人たちに示すのは、あまたの誘惑にさらされながら、亡くなった夫への操を守り続ける未亡人という姿です。セシルに対して示すのも当初は同様の姿でありながら、次いで若いセシルの恋愛に理解を示す友人としての姿、そして最後には既婚婦人となって自由に恋愛を謳歌することを勧めるわけ知りの経験豊かな婦人としての姿になります。そしてヴァルモンに示すのは、かつての恋人として姿であり、自分が欲しいと思った男は必ず手に入れながら、相手の男には、その関係を口実として自分への支配権を与えることもなく、またその関係を世間に対して広める手段も相手からあらかじめ奪っておく術を完璧に知る女としての姿です。

このように、この小説はその大部分が「真実」と「見せかけ」、そして「見せかけ」に騙されていた人間に対する「真実」の暴露を巡って展開されます。

この小説では、ある手紙が「見せかけ」を述べ、その後に出現する手紙が「真実」を述べるというだけでなく、ある手紙がその手紙のままで、「見せかけ」と「真実」を同時に述べることさえ生じます。トゥルヴェルを田舎に残したままパリに出かけたヴァルモンはそこで昔馴染みの娼婦に出会い、この女と一夜を狂騒のうちに過ごし、性の営みの最中に娼婦の身体を机代わりにしてトゥルヴェルへの恋文をしたためます。この熱に浮かされたような手紙でその娼婦の身体は「この手紙を書いているテーブル、初めてそのために使われるこのテーブルは、私にとって恋の祭壇です」という形で現れますが、この手紙の全体がトゥルヴェルには「見せかけ」として彼女に対する恋の激しさを示すと同時に、この手紙を書いているヴァルモンにとっては、自分の恋になかなか応じようとしないトゥルヴェルへの裏切りを見事にやってのける手際を誇る手段となり、この手紙を見せられるメルトゥイユにとって、また読者にとっても、信じやすいトゥルヴェルを騙す悪辣なヴァルモンの姿を透視させることになります。

四　騙されているのは誰なのか

以上述べてきたように、ヴァルモン、メルトゥイユは周囲の人物を欺き続けますが、実は欺く人間はヴァルモン、メルトゥイユだけではなく、またヴァルモン、メルトゥイユが決して欺かれないわけではありません。先に述べたヴァルモンがおこなう慈善について言えば、トゥルヴェルの召使は極めてよく務めを果たしており、助けた貧民にヴァルモンが出くわしたのが偶然ではなく、実はヴァルモンの召使がその前日にヴァルモンがそのようにして助けることができる人間を探していたことまで突き止めています。しかしヴァルモンはそのことを知りません。また先に見たように、トゥルヴェルはヴァルモンに欺かれただけでなく、自分が彼に抱いている感情について自分自身を偽っており、後になってそれが恋であると気づいて愕然としているのです。つまり他人が自分を騙すだけでなく、自分もまた自分を騙すのです。そしてヴァルモン、メルトゥイユといえども、この「見かけ」に欺かれる事態を免れるわけではありません。そしてトゥルヴェルの場合にも言えることですが、ヴァルモン、メルトゥイユについてより明瞭に言えるのは、彼らを欺くのが虚栄心であることです。ヴァルモンは、自分がトゥルヴェルを誘惑しようとしていると思い込みながら、実は深く彼女に魅了されており、いかにしても彼女から眼を離せません。この恋を見誤ることのないメルトゥイユはトゥルヴェルに対するヴァルモンの執着をおりに触れからかいますが、それも一向彼の病を治す役には立ちません。しかも、メルトゥイユに対して、自分はトゥルヴェルに恋をしていないことを示したいという虚栄心に駆られたヴァルモンは、メルトゥイユが書いた「男から女への別れの手紙」をそのまま書き写してトゥルヴェルに送ることで彼女を狂気に追い込んでしまいます。メルトゥイユは男女関係の駆け引きにおいて証拠を残さないために、書いたものを決して残さないことを信条にしています。ところが、この小説に彼女の手紙が多数含まれているという事実自体が、彼女の信条を裏切っており、少なくともひとりの人間（ヴァルモン）には自分の手際のよさを見せておきたいという虚栄心が、結局はメルトゥイユの破滅の原因となります。

ところで、この小説が読まれるたびごとに、ヴァルモン、メルトゥイユと同様に、またこの小説を構成するすべての手紙を彼らが読めるのではないがゆえに、このふたり以上にすべての経過を見渡せる人間が現れます。言うまでもなくわれわれ読者です。それではわれわれは登場人物に対して圧倒的優位に立っていると言えるでしょうか。必ずしもそうではないでしょう。というのも、先に述べたようなトゥルヴェルの恋愛の進展の各段階の徴候、ヴァルモンの恋心の発展の徴候を読者が読む術を知るのはまさしくヴァルモンに教えられてであり、またメルトゥイユに教えられてだからです。言い換えれば、見せかけに騙されて、後に真実を教えられて驚愕し、さらにいったん真実と見えたものがやはり見せかけだということを教えられてさらに驚愕し、あげくの果てに往々にして何が真実であるかわからなくなるというのがまさしくこの小説の読書経験に他ならないからです。そして登場人物がそのようにして「見かけ」に翻弄され、読者もやはり「見かけ」に翻弄されるのは、登場人物ができごとの経過のうちに、つまりは時間のうちに生き、また読者の読書も時間の中で展開せざるをえないからです。

この小説を二〇歳の頃に読んで私が魅了されたのは、この作品がいかにも作り物でありながら、その作り物の装置が人間の生が従わざるを得ない苛酷な（悲しい）条件を、ただ単に命題として述べるのではなく、その装置自体の動き、装置自体の読者への働きかけの効果として体現していると感じ、それこそが文学の力だと感じたからだと思います。登場人物を、そして読者を引き回すラクロの高笑いが聞こえるような気がします。しかし、そのラクロにしても時間のうちで生きていかねばならない以上、そうした経験が人間の生の条件であることを知りつくしているはずです。その意味では、そのような人間の生の条件をみごとに形象化したこの小説に最初に戦慄しているのは作者ラクロ自身であるかもしれません。

コラム

本を作るということ

藤嶌 亮太

このコラムでは本を作るにあたってどのような苦労があったかなどを書いていきたいと思う。

私は一年生であるため大学がどのようなものかさっぱりわからなかった。そして深い考えもなく私は本を作るという授業を選択した。高校の頃の「授業」とは違ったものに心躍らせていたのを鮮明に覚えている。しかしいざ本を作るということになると楽しいことだけではなく当然苦しいことや本音を言うと面倒臭いことも多々あった。大学に無事に入学して浮かれ気分で遊び呆けていた私にはそれはきつい作業であったように記憶している。具体的に言うと、この授業では元々「ヒトとモノ」という大きなテーマ自体決められているものの細かいことは一切決まっていなく、どんな本を作るかということは私たち学生に任されていた。ほぼゼロの段階から本を作るということ自体想像したことがなく、わからないことだらけだった。また打ち合わせの時も話についていくのが精一杯で見当違いのことを何度も発言したこともあり失態の連続だったと思う。正直、前期から後期に移行するときに逃げ出してしまおうかなと考えることもあったが、他の人の負担が増えてしまうという現実的問題と持ち前の優柔不断で結局後期も本作りに参加させていただくことになった。こんな中途半端な気持ちで参加してしまったことは大変申し訳なく思うし、私をいつも助けてくれているメンバーの方々には本当に頭が

コラム

上がらない。

話を本線に戻すと、私たちメンバーは先生に「二〇歳の頃に読んだ本」というテーマのもと執筆していただけないかと原稿依頼することになったのだが、私は大学一年生でかつコロナ禍の影響で対面授業がひとつもなく全面的にビデオオフのオンライン授業であったため私がとっている授業の先生は当然私の顔を知らないし私のことすら知らない可能性もある。同時に私自身も先生について深く知らない状況であったため不安が多かった。そんな中で私が執筆依頼を担当させていただいたのはフランス文学を専門とされている文学部の小野潮先生だった。私自身小野先生の授業は受けたことはあるもののオンライン授業で一方的に知っていた程度であったし会話をしたことは一度もなかった。しかし小野先生は執筆依頼を快く引き受けてくださり、嬉しかった気持ちと安堵の気持ちが込み上げたことを今でも鮮明に覚えている。その数ヶ月後送られてきた文章はとても読み応えがあり小野先生に依頼して本当に良かったと思っている。今思い返せば小野先生へ送った原稿依頼のメールは言葉が足りなく、また熱意のようなものが欠けていたものであるように思う。それでも快く引き受けてくださった小野先生には改めて感謝申し上げたい。私のような人間がここで小野先生の文章についてあれこれ言っても魅力が伝わりにくいと思う。読者の方々が各々の感性で小野先生の文章の魅力を読んで感じ取って欲しい。

最後に原稿執筆に協力してくださった先生、本作りを教えてくださった工作舎の石原様、タイトル案を厳しく指導してくださった加藤様をはじめとするこの本作りに関わってくださった皆様に感謝申し上げたい。そしてこの本そのものが読者の愛読書になって欲しいと願っている。

近代小説を読みまくる

宇佐美　毅

一．大学に入学した頃

「二〇歳前後に読んだ本」というテーマを与えられるということは、おそらく「この一冊」といった特定の本が想定されているのかと思う。それで考えてみたのだが、残念ながらそこまで強烈な印象を残した「この一冊」が私にあったわけではない。二〇歳前後に私がしていたことは、とにかく「日本の近代小説を読みまくる」ということだった。

私は現在、文学部国文学専攻で近現代文学担当の教員をしているので、「小さい頃から本が好きだったんでしょう」と人から言われることがある。しかし、実際はぜんぜん違っている。基本的には運動することが好きで、自分でスポーツをするのも見るのも大好きな子どもだった。家にはほとんど本らしい本が置いてなかったし、親が本を読んでいることも多くはなかった。そういう家庭に育った子どもが本好きになるはずもない。『シャーロック・ホームズ』などの推理小説や手塚治虫のマンガくらいは読んだものの、私は、本にはほとんど興味が持てない子どもだった。

転機は高校生のときだった。周囲のませた同級生が、太宰治がどうとかヘルマン・ヘッセがどうとか言うのを聞いて、少しは読んでみるかと思ったことがきっかけだった。そのとき、私の通っていた高校から自転車で数分のところに県立図書館があり、昼休みにそこへ行っては、本を借り始めた。はじめはいわゆる純文学ではなく、娯楽作品ばかり借りていたが、いつのまにか本の魅力に取りつかれ、さまざまな本を読むようになっていった。

そのうちに高校三年生になり、運動部の活動からも引退となった。自分の将来像として会社員になるイメージがまるで湧いてこないし、高校卒業後は教員養成学部に進もうと考えたものの、教科はなかなか絞れなかった。比較的得意だった「数学」、スポーツ好きなので「体育」も考えたが、その頃すっかり読書好きになっていた私は、答えが必ずしも決まっていないために、生徒と考えをぶつけ合うことのできる気がして、「国語」という教科に魅力を感じ始めていた。結局、教員養成学部の「国語」専攻に進学することになったのは、いわば本や図書館との出会いによって、私の進路が導かれたからといってもいい。それほど、私の人生にとって、本との出会い、図書館との出会いは大きな出来事だった。

そのような経緯を経て教員養成系の大学に進み、国語教員を養成する課程に所属した。しかし、国語が好きで国語の教員になろうという同級生たちは、私から見ると、どうも私とは人種が違うかのように思えた。○○文学全集を全部読んだとか、小学生のときに万葉集を読んだとか、そういう同級生もいた。また、趣味でする読書とは違い、大学で研究対象にする、将来学校で教える、となれば、ともかくできるだけ多くのことを知っていなければいけない、ということを思い知らされた。そもそも

「この作品はこうだ」みたいなことを言うためには「それなら他の作品はどうなのか」「同じような性格を持つ別の作品とはどこが違うのか」といったことを問われることになる。「こりゃだめだ、そもそも多くのことを知らなければ、何かを考えることも周囲と話をすることもできない」というのが、大学に入学した直後の率直な感想だった。

二．読みまくってわかったこと～「才能」ということ

ここまで書いたような経緯から、私の一八歳からの数年間は、「日本の近代小説を読みまくる」時期だった。その「読みまくる」読書をしているうちに、わかってきたことがいくつかあった。そのうちの一つは「才能」ということだった。小説を読みまくれば、おのずと良いと思う小説とそうでない小説があることがわかってくる。良いかどうか、ということは主観的なものかもしれないが、それでも多くの小説に接し、それまでの研究史を調べ、同じ専門分野の教員や学生たちと議論していけば、ある程度のことはやはりわかってくるように思えた。

たとえば、日本の近代文学分野では、夏目漱石を評価するのが通常である。さすがに近年になると、以前のような神格化はされなくなっているが、それでも日本の近代小説の中では別格といってもいい存在だった。高校生までの私には、夏目漱石といえば『坊っちゃん』くらいのイメージしかなかったし、たしか高校の国語教科書で『それから』の一部を読んだような気もするが、まるで記憶に残っていなかった。しかし、大学生になって、多くの小説とともに漱石を読み出すと、次第に興味が

湧いていった。優れた作品だから読む、というのではなく、とにかく面白くなっていった。それまで近代小説を読みまくったからこそ、漱石作品は他の誰にもないものを持っているということがわかったのだと思う。

特に面白かったのは『行人』だった。暗い小説ではあるが、スリリングでしかも、なまじのポルノ小説なんかよりも（ポルノ小説読んでませんが）『行人』ははるかにエロティックだった。そして、こうしたスリリングな小説を書く漱石が、やがて『こころ』『道草』『明暗』へと進んでいったことにも、尽きないくらいの興味が湧いていった。

ただし、近代小説を読みまくった私は、漱石のような才能のある作家の小説だけを読んでいたわけではなかった。漱石や鷗外の後期作品が書かれるのは明治末期になってからだが、それまでの明治の作品も読みまくった。そこには、文学史にかろうじて名前が残る程度の、少しだけ読者を獲得しては消えていった多数の作家や作品たちがいた。そこで私が学んだことは、人間には才能のある人間と才能のない人間がいるということだ。どんなに努力しても、だれもが漱石になれるわけではない。それどころか、漱石になれるのは、世界にただ漱石一人なのかもしれない。才能とはそういうものだ。

それだけなら話はここで終わるが、では才能がある人間が成功するし幸せになる、才能のない人間は成功しないし幸せにならない、ということかといえば、けっしてそうではなかった。たとえば芥川龍之介を学んだときに強烈に思ったことがある。それは、才能のあるなしで人間の幸福は決まらない、才能のある人間が不幸になることもある、ということだった。

芥川龍之介の文学の才能はずば抜けている。漱石が持っている学識と構想力とはまったく異なるが、特に短編小説に見せる才能は明らかに独特なものだ。しかしながら、特に晩年の芥川は、自分の作風とはまったく反対の、志賀直哉『焚火』のような「話らしい話のない小説」に傾倒していった。私から見れば、それは「ありあまるほどの才能のある人間が、自分にない才能を無理に求めようとしている」と見えた。芥川の自殺の原因には諸説あるので簡単にはいえないが、自分の文学の才能を信じられていたら、不幸な死を迎えることはなかったのではないか、というのが当時の私の感想だった。

対照的に、自然主義や白樺派の作家たちは概して長生きだ。彼らが、芥川龍之介ほどの文学的な才能に恵まれていたとは思えないが、これだけははっきりしている。長生きして長編を書き続けた自然主義や白樺派の作家たちは、自分の持っている能力を疑っていないし、自分にない才能を求めたりもしなかった。自分の持っているものだけに集中することのできた作家たちと、自分の持っていないものを追究しようとした芥川の差異は、当時の私に大きな印象を残した。後の時代にどのような文学作品を遺したのか、という問いは別として、実人生としてその差は歴然としているように思えた。

近代小説を読みまくって、このようなことを考えるようになると、自分の才能ということも少しは考えないわけにはいかなかった。自分の好きな運動・スポーツの分野での自分の才能がたいしたものではないことは、中学・高校の競技生活でよくわかっていた。さほどの才能もない自分が何をして生きていくのか、それを考えざるを得なかった。子どもの頃から、きわめて漠然と、会社員にも個人経営者にもならないだろうから教員しかないと、と考えていた。それは、そもそもそれくらいしか選択肢が浮かばなかったからだった。ところが、大学に入ってみて、それも教員養成学部という場所に身を置いてみると、自分が想像していたものと実際の教員像はくいちがうことも多かった。次第に教員になることに疑問を持つようになったが、かといって自分に特別な才能があるわけでもない。そう思ったときに考えたことは、「とりあえず目の前にある興味を持てることに全力を傾けてみよう」ということだった。その先に何があるのかはまったくわからなかったが、自分にとって懸命になれることは、読みまくっていた近代小説に関することだった。

今は大学教員になっているが、大学教員という職業を現実的な選択肢だと考えるようになったのは、もっとはるかに後のことである。「二〇歳前後に読んだ本」という与えられたテーマからいえば、そのときは目の前にあった近代小説群がそれであるし、それに没頭しようとしたことが、現在の自分につながっていると考えている。

三．読みまくってわかったこと ～ 時代を超えるということ

ここまで書いてきたように、読書に慣れていない単なる学生であっても、近代小説を読みまくっていれば、さすがに感じることや考えることが多々あった。「才能」とともに強く感じたことは、その作品が享受される「時代」ということについてだった。

たとえば先の例の、明治時代の作家といえば、現在の私たちは夏目漱石を真っ先に思い浮かべるだ

ろう。他に思うのは、森鷗外や樋口一葉くらいだろうか。しかし、当時生きていた人たちにとっての代表的な作家はかなり違っている。当時「紅露逍鷗」という言葉があったように、森鷗外は入っているとしても、尾崎紅葉、幸田露伴、坪内逍遙らが当時の文学者として先に挙げられている。作品でいえば、当時のベストセラー小説は尾崎紅葉『金色夜叉《こんじきやしゃ》』や徳冨蘆花『不如帰《ほととぎす》』だった。しかし、現在『金色夜叉』や『不如帰』を実際に読む人は、いったいどれくらいいるのだろうか。いや、読む人どころか、その内容すら知らない人がほとんどなのかもしれない。

尾崎紅葉『金色夜叉』は一八九七年から一九〇二年にかけて新聞連載された小説である。高等中学校学生の間貫一《はざまかんいち》と鴫沢宮《しぎさわみや》は結婚を誓った同士。しかし、その結婚の前に、宮は財産に目がくらんだのか、大富豪の富山唯継《とみやまただつぐ》と結婚する。宮の裏切りに激怒した貫一は、財産家に許嫁を奪われたことから、自分も「金の亡者」となり、高利貸しとなって復讐を誓う。そういう話で、小説そのものを読む人はいなくても、舞台化、映画化されることが多かったので、熱海の海岸で貫一が宮を蹴り飛ばす場面だけ知っている人もいるかもしれない。

一方、徳冨蘆花『不如帰』は一八九八年から一八九九年にかけて新聞連載された小説。陸軍中将・片岡毅の娘・片岡浪子《かたおかなみこ》は、継母から冷たくされていたが、海軍少尉・川島武男男爵と結婚し、幸福な生活を送っていた。しかし武男が日清戦争へ出陣した後、浪子は結核を発症したことを理由に離婚を強いられ、夫を思いながら死んでいく。

『金色夜叉』の熱海の海岸で貫一が宮に言う「来年の今月今夜になったならば僕の涙で必ず月は曇

らしてみせる」の場面が、芝居・映画の最大の見せ場だとすれば、『不如帰』の名場面は、浪子が武男を思って「ああつらい！　つらい！　もう女なんぞに生まれはしませんよ」と嘆く場面だ。しかし、その名場面を知る人も現在はほとんどいなくなっている。

そこでわかることは、時代の中で評価される作品と時代を超えて評価される作品があるということだ。それは文学作品には限らず、あらゆるものにいえることなのかもしれない。『金色夜叉』や『不如帰』を今読み返してみると、それはそれで面白い。かつての恋人への復讐の鬼となりながらも人間らしい心の優しさを捨てきれない間貫一の人間像や、恋しい夫の戦地からの帰りを待ちわびながら病のために命を落とす浪子の心情には、今読んでもひきつけられるものがある。だからこそ、『金色夜叉』や『不如帰』は新派劇になったり、映画になったりしながら、形を変えて享受されていったのだろう。

しかし、時代設定が古びてしまい、「高利貸し」という職業をサラ金と言い換えてもその時代の情念が伝わらないし、婚約者の裏切りに相手を蹴り飛ばし、復讐の鬼となる展開も、今では「デートDV」「ストーカー」といった概念を連想してしまうかもしれない。また、結核は医学の進歩で治癒可能な病になっているし、病気になったから離婚を強要されるという展開も現代では受け入れ難い。その意味では、『金色夜叉』や『不如帰』には、時代の中で評価される力はあるとしても、時代を超えて評価される力はなかった、といわざるを得ない。二〇歳頃の私にはそのことがひどく理不尽にも残酷にも思えた。しかし、見方を変えてみれば、それは贅沢なことのようにも思えた。時代を超えた力を持たなかったとしても、時代の中だけでも輝くことのできた作家や作品は、ほんの一握りの選ばれた作家・作品なのである。

もし私が、野望に満ちた青年であれば、そこから「何か大きな仕事を成し遂げて自分の名前を後世に残してやろう」といったことを考えたかもしれない。残念ながら私はそういう種類の人間ではない。しかし、今私が教育・研究を職業にしているにあたって、このことから大きな影響を受けている。つまり、今だけに通用する教育や研究はしたくない、という気持ちは、おそらく二〇歳前後に読んだ多くの近代小説から影響を得ている。学生の皆さんには「今の時代に人の心を捉えているものは重要だが、今の流行りにばかり目を向けないように」ということを伝えたいと思っている。また、研究においては、研究方法や思想・概念に大きな流行り廃りの波がある。しかし、今持てはやされる流行に惑わされたくない、ということは常に意識するようにと心がけている。

四．本という「モノ」

今回与えられた「二〇歳前後に読んだ本」という課題は、その背景に「モノとヒト」というテーマがあると聞いている。たしかに本は「モノ」ではあるが、「モノ」としての本という意識は私にはあまりなかった。現在の私からすれば、本の判型や装丁の研究があることを知っているので、そういう視点も思い浮かぶが、私自身にはそういう関心はあまりない。読みまくった近代小説の内容の記憶だけが自分の中に残っている。

しかし、そういう私であっても、本が「モノ」であると感じることがないわけではない。たとえば、同じ小説を違う本で読んだとき、その印象が大きく異なることがあった。具体的にいえば、夏目漱石『彼岸過迄』を最初に図書館で借りて読んだことがあったが、なぜかその内容があまり頭に入ってこなかった。その同じ『彼岸過迄』を後から別の本で読んだときには、まったく違う小説のように頭に入ってきた。二度目の読書だったことが影響したからかもしれないが、そのときは驚くほど鮮明に作品世界がイメージできた。ページのレイアウトや活字の組み方によって、本の内容がなめらかに頭に入ってくることもあれば、そうでないこともあることを知った体験だった。

もう一つ本が「モノ」であることを感じるのは、同じ小説を同じ本でもう一度読み直すときだ。高校生のときに県立図書館に通っていたことは前に書いたが、大学生になるとさすがに自分で本を買うようになった。といっても、お金のない大学生なので、買えるのはせいぜい文庫本だった。本に書き込みをする習慣はあまりなかったが、その小説を読んだ日付を奥付のところに書き込んでおくことだけは欠かさずしていた。些細なことだが、後からこの日付を見直したときに感じる感覚が、私にとって本が「モノ」であることを実感するもっとも大きな場面である。

一度読んだ本をもう一度手にとったとき、そこに書き込まれた日付を見ると、その時期に自分が何をしていたか、過去にその本を読んだときに何を感じたか、がかなり鮮明によみがえってくる。その感覚は、同じ小説であっても、別の本を手にとったときには感じられない独特の感覚なのだ。そのとき、私は本が「モノ」であることを強く感じる。

そして、本という「モノ」について、最後にもうひとつだけ書いておきたいことがある。二〇歳前後には、お金がないなりに本が増えていくことが嬉しかった。文庫本を一冊ずつ買い、ときには古本屋で安上がりに数冊単位の全集本を買い、本棚に少しずつ本が増えていった。本棚に並んでいる本を見るのは、まさに本という「モノ」がそこにあることを感じる瞬間でもあった。その後、三二歳で中央大学の専任講師になり、個人研究室が与えられたときには、これからは自由に本を買って置くだけの書棚があると思って、おおいに嬉しかった。しかし、書棚に余裕があったのも最初の数年のことで、全集や資料類をそろえていったこともあって、すぐに書棚はいっぱいになり、その後はできるだけ本を買わないように気をつけなければいけなくなってしまった。

二〇歳前後には、自分の本棚には既に読んだ本だけが並んでいた。その頃には、読まない本を買うことなど考えられなかった。その後、必要な全集や資料を買いそろえるようになっていったが、読んでいない部分もいつか読むことになると信じていた。しかし、今六〇歳を過ぎてみると、自分の残り人生であとどれくらい本を読めるだろうかと思うようになる。本を読む習慣を身につけるのが遅かった私が、これまでの四〇数年で読んできた本の量を考えてみると、残りの人生で読める本の量はおよそ想像がつく。二〇歳前後の読書は「読みまくる」「手当たり次第に読む」だったが、これからは残りの人生で読めるだけの本を丁寧に選びたい。これまで出会った多くの本が自分の人生に重要な意味を持ってきたように、これから読める本の数が少ないとしても、そういう大切な本にあと何冊か出会いたい。「二〇歳前後に読んだ本」という課題を与えられて、過去を振り返るのと同時に、そんなこれからの本との出会いを考えることになった。

この本の主な対象が若い読者層であるとすれば、いささか不似合いな内容を最後に書くことになったが、人生の前半に本を読むことの意味と人生の後半に本を読むことの意味には、当然ながら違いがある。その意味の違いを知っておいていただくことも、若い読者に向けて無駄ではないと考え、最後にそのことを書き加えて筆を擱くこととしたい。

コラム

ヒトとモノ、本と人間

小林　真生

「ヒトとモノ」。実践的教養演習のテーマとされるこの言葉を、これほど深く考えることになるとは思わなかった。私は原稿依頼や編集作業で、幾度となくこの言葉を思い出し、考えた。言葉や文章がこれほど人生を変え、生きる意味を与え、悩みを解決するとは、と思った。原稿依頼や編集作業は、この様な気付きの連続だった。

私たち履修者同士や先生との出会いは、オンライン上だった。新型コロナウイルスの流行の最中、中央大学は全面的にオンライン授業を取り入れていた。私たちは今まで誰も経験していないオンラインでの授業で、戸惑いながらもより良い本を作るために話し合いを重ねた。その話し合いの中で、「読書遍歴」をまとめた本を作ることに決め、「多様な思想」「二〇歳前後に読んだ本」という本のコンセプトを掲げた。このコンセプトを元に、執筆者を考え、話し合い、執筆依頼を終えたのは暑い夏の日のことだった。

私は文学部の宇佐美毅先生と吉野朋美先生に原稿を依頼した。宇佐美先生は私が所属するゼミナールの教授であり、近現代文学だけでなくドラマなどの研究も行っている。私が一年生の頃に履修した、宇佐美先生のドラマと村上春樹の授業が面白く印象に残っており、宇佐美先生は多くの知識を持っていながらも、私たち大学生にわかりやすく説明してくれるところから、執筆依頼を決めた。吉野先生は中世文学を専門

コラム

としていて、古典的な文章があまり好きではない私にも、中世文学に興味が湧く様な授業をする教授だった。この様な魅力的な授業をされる教授が、学生時代どの様な本を読んできたのかに興味を持ち、執筆依頼をすることにした。

宇佐美先生の原稿は「近代小説を読みまくる」というものだ。学生時代、文字通り「近代小説を読みまくく」った先生の体験が書かれている。私がこの原稿を読んで印象に残ったのは、「才能」についての部分だ。私は大学生活を過ごす中で、文学部で何度も文章を書くことによって、ダンスサークルでの活動によって、自分には才能がないと気付かされることが何度もあった。周りにいる同年代の才能のある人間を見て、もう人生負けた様な気がすることさえあった。先生はこの「才能」に触れ、「才能」の有無はあるにせよ、それだけで人間の幸福は決まらないと述べられていた。先生自身、才能について悩んだが、二〇代にがむしゃらに「近代小説を読みまくく」ったことが今に繋がったと考えている。SNSの普及により「才能」のある人間と「才能」のない人間が数字によって目に見えてわかるこの時代に、先生のこの知見を学べることは、多くの読者にとって救いになると思う。

吉野先生の原稿では、先生の研究の原点となった二つの『後鳥羽院』について書かれた部分が印象に残った。丸谷才一の『後鳥羽院』からは大胆に読み解く面白さや彼にしか書けない文章に魅力を感じ、樋口芳麻呂の『後鳥羽院』からは地道な実証実験の上に成り立つ事実と考察の面白さを感じたと先生は述べられていた。同じ題名の同じ作品を扱っているが、全く異なった二つの作品を読んだことが、その後の研究の道に進むのに繋がったと先生は考える。先生の文章を読んで、これまで私は文学部の授業の中で、似た様な経験をしたことがいくつもあったことを思い出した。例えば、『源氏物語』一つにしろ、無数の訳が存在する。『枕草子』を扱った授業では「前田本」というマニアックな写本を自力で訳したこともあった。近現代文学でいえば、宇佐美先生が扱っていた「夏目漱石」だけでも、無数の論文が今日まで書かれている。それらの先人の残した研究をよく学び、根拠と自身の考えを結びつけながら、最終的に卒業論文として自分なりの研究をすることは、いわば文学部の醍醐味なのではないかと思う。吉野先生の原稿で取り扱われた本は全て授業をきっかけに出会った本であり、授業や課題がなければ向き合わなかった本、それらがあったから出会えた本であると先生は述べている。いただいた原稿を読んで、私自身、授業や課題で出会ったたくさんの大切な本を思い出し、残りの大学生活での本との出会いをより一層大切にしていこうと思った。

宇佐美先生や吉野先生、さらにこの本のために執筆していただいた他の原稿を読んで、本という「モノ」がいかに私たちの人生に影響を与えているのかを思い知らされた。宇佐美先生の言葉を借りると、本は私たちに影響を「与えまく」っているのである。そして、誰かに影響を与えるその本を作っているのも、私たち人間である。実践的教養演習のテーマである「ヒトとモノ」の関わりの深さを、身にしみて感じた。本のオンライン化が進む現代に、先生方の読書遍歴には、物体としての本との関わりやそれにまつわる思い出がいくつも登場し、ページをめくる尊さを改めて感じた。最後に私は、この本が、先生方に影響を与えた本の様に、誰かの人生にとって大切な一冊となることを、一履修者として、一編集者として、願っている。

座談会

座談会

二〇二〇年一二月三日

伊藤　それでは、座談会を始めたいと思います。本日はお集まりいただきありがとうございます。まだ飯盛先生がいらっしゃってないのですけれども、学生六名に対して先生方も六名という非常に豪華な座談会となっています。実際に座談会を通じて、いただいた原稿の中身であったり、原稿に載せられなかったお話など様々なことをお話しいただければなと思っております。座談会に入る前に、簡単に「座談会とは」という点を説明します。というのも、前々回の授業で「座談会やります」ってなった時に、「座談会ってそもそもなんですか?」という学生が多かったので、簡単に私なりの見解を述べさせていただきたいと思います。授業の一環として座談会が行われるわけなのですけれども、講義であったり演習であったり、そういった堅苦しいものではなくて、どちらかというと会話を楽しむということをメインでやっていきたいなと思っております。私を含めた学生の皆さんに向けてなんですけれども、変に緊張したり身構えたりしないようお願いします。ですので、積極的に会話に参加していただければなと思います。それでは、座談会を始めていきたいと思います。よろしくお願いいたします。

小林

最初に自己紹介をさせていただきます。まず学生の方から自己紹介をします。名前と学部と、何か趣味や頑張っていることなどがあれば、話していく感じでいきます。

では、私から……私の名前は小林真生です。所属は、文学部の国文学専攻に所属しております。趣味はダンスが好きで、文学部なので……一番好きな作家は朝井リョウさんという方で、朝井リョウさんの本を集めるのも趣味の一つとなっております。よろしくお願いします。

伊藤

文学部哲学専攻四年の伊藤龍也と申します。趣味は、第一部門なので……読書で、本を読むことが好きです。あとはラグビー観戦であったり、スポーツを観るのが好きです。最近やっていることとしては、僕四年生なので卒業論文を書いています。あと一〇日ぐらいで提出なので、今頑張ってやっております。本日はどうぞよろしくお願いいたします。

細木

僕は法学部なんですけれども……法学部政治学科二年の細木です。この授業は出版企画もできるということで、他学部なんですけれども気になって文学部に履修しにきました。趣味は、音楽が好きで、そこにトロンボーンがあると思うんですけれども、中央大学のオーケストラ部に入っていたりだとか、楽器をひくことが趣味です。今日はよろしくお願いします。

藤嶌

文学部哲学専攻一年の藤嶌です。将棋が好きで、大学の将棋部にも入っています。読書も好きなんですけれども、あまり最近読めなくて、将棋の本ばっかり読んでいます。今年と来年で、いろいろな本に手を出していければなと思って、最近図書館に通うようになりました。よろしくお願いします。

佐々木　佐々木鞠華です。文学部教育学専攻に所属しています。読書は幼い頃から好きで、最近はライトノベルとか恋愛小説とか、あと韓国が好きなので韓国文化に関する本を読んでいます。今日はよろしくお願いします。

小野先生　フランス語文学文化専攻の教員の小野と申します。今日は声をかけていただいてありがとうございます。だいたい一九世紀の頭あたりのものを読んでいるのですけれども、隣に宇佐美学部長が座っていらっしゃって、学部長の忙しさと比べたら、かなり暇なはずなんですけれども、それでもアップアップしております。授業の準備がすごく大変ですね。よろしくお願いします。

宇佐美先生　国文学専攻の教員の宇佐美毅です。専門は、もともと明治時代の小説です。その後現代小説、あとテレビドラマとかの映像研究に、近頃はわりと重点をおいています。学部長としてこの企画を言い出した立場だったので、中村先生から「責任者出てこい！」って言われて……それで今日引っ張り出されました（笑）。

よろしくお願いします。

大田先生

文学部の英語文学文化専攻の大田美和です。専門は一九世紀のイギリス小説で、フェミニズムやジェンダー視点の研究をしています。最近は在日コリアンの文学やアートなど、朝鮮半島と日本の関係についても研究しています。昨年度の文学部のプロジェクト科目「人の移動とエスニシティ」を書籍化した同名の本（明石書店、二〇二一年）の中で、「在日コリアンの歴史と今」という一章を書かせてもらいました。

文学部で久しぶりに本が出版されるというので、中村先生と及川先生は大変だと思いますが、私が学部長補佐を務めていた時に実現できなかったことが実現して嬉しいですし、参加させてもらって光栄です。

私は高校で校長も務めています。中央大学杉並高校です。よろしくお願いします。

木村（webex 参加）

すいません、今日はオンラインで参加するんですが、文学部中国語言語文化専攻一年の木村です。最近は自動車学校に通っていて、運転免許を取れるように頑張っています。今日はよろしくお願いします。

及川先生

中国言語文化専攻の及川と申します。よろしくお願いします。専門は現代中国社会と思想の領域でやっております。この授業は中村先生に頼ってばかりで……

今日は座談会のメンバーというよりも、アシスタントなんですけれども、学生のみなさんがいろいろなことを準備してくださっていて、本当にありがとうございます。至らないところもあり、教員の方の私の指導力不足もありまして恐縮ですが、今日はお忙しい中貴重なお時間をありがとうございます。有意義な時間にしたいと思いますので、どうぞよろしくお願いします。

中村先生

私、哲学専攻の中村と申します。専門は落語と将棋ですね（笑）。

よろしくお願いします。

飯盛先生入室

小林

先生方に色々お伺いしたいのですが、二〇歳前後で今どのような本を読めばいいのか、ということで、一般的に先生方のご専門を志した場合、どのような本読めばいいのかを教えていただきたいのですが……

中村先生

その前に今回の原稿についてさらっと説明していただきましょう。他の先生の原稿を読んでいない先生もいらっしゃいますので。

小野先生

私が取り上げた本は、ジェンダー視点とかフェミニズム視点とか言われると鉄槌をくらいそうな本ですけれども、ラクロという人が書いた『危険な関係』という小説です。一八世紀の、ともかく風俗が乱れきった貴族たち、その中でも非常にたちの悪い女たらしを主人公にした小説です。全体が書簡でできていまして、しかも書簡小説というのはいくつかタイプがあって、手紙を書いているものが一人のもの、二人のもの、それ以上の人数が書いているものがあります。たくさんの人間が書いていると非常に面白いことがいろいろ起きてきて、というのは何かというと、例えばある事柄について一人の人間が言っていることともう一人の人間が言っていること、もともと同じことを話しているはずなのに全然違うことが起きるわけですね。あるいは、今度複数の人間ではなくて、一人の人間が同じことについて話しているんだけれども、Aの人間に対して言うことと、Bの人間に対して言うこと、Cの人間に対して言うことが違ったりするわけですね。これは、三人のうちの少なくとも二人には嘘をついている。あるいは、三人全部に嘘をついている、ということです。そういう、本当か嘘かというものをかい潜りながら、読んでいかなきゃいけない小説なんです。しかも、それの中で女たらしというのと、その女たらしよりもさらにたちの悪い男たらしがいて、女たらしの方は女たらしとして有名なんですけど、男たらしの方は全然世間に対して正体がバレていないという、非常にたちの悪い人なんですね。この二人だけはともかく、全体で何が起きているのかを知っているわけ。他の登場人物たちは、この二人にいいように操られているわけですね。ところが、ずっと読んでいくと、人を操っていると思っている人間自身も、実は全体をわかっていなくて。しかも自分自身の心の中で起こっていることがわかっていなくて。人を欺いているつもりで、自分で自分を欺いているみたいな、そういうことが起きるわけですね。面白い筋を持った小説なのですが、やっぱりそれが文学作品として面白いのは、そのような過程がかたちとして、本を読んでいるときに読んでいる人間の目の前に立ち現れてくるということです。皆さんぐらいの歳でそれを読んだ時に、「面白いな」とは思ったんだけれども、「なぜ面白いのか」「なぜそういう風に感じるのか」ということがよくわからないんですね。それこそ文学作品を読むことを生業にしてきましたから、折々気になって取り上げて、今のようなことを話したこともあるんだけど、改めて考えてみようかなと思って書かせていただきました。

宇佐美先生

僕は『近代小説を読みまくる』というタイトルの原稿を書きました。「この一冊」という本を考えたんですけど、どうしても思い浮かばなくて……。

僕、原稿を頼まれた時って、頼まれた瞬間に内容が浮かぶ原稿と、すごく悩んじゃう原稿という二通りに大きく分かれます。瞬間浮かばなかったら永遠に苦しむので、今回はピンとこなかった（笑）。「この一冊」というのがなくて、思い出すと、青年期って太宰治や福永武彦を読んだりしたんだけど、それって通過しちゃったものなので、自分にとってあまり思い出したくないというか（笑）。「もういいや、あの時で終わりたい」っていうところがあるんです。

僕は文学青年ではなくて、大田先生も小野先生もね、文学系の方で文学のセンスの塊のような方なんだけれども、僕は子供の頃から運動ばっかり好きでした。自分でするも好きだし、観るのも好きだし、どっちかというと体育会系の人間だったので、本をあまり読んでこなかったんですね。大学に入って国語系の学科に入って、周りと話をするためにはとにかく読まなきゃどうしようもないですよ。たくさん読んでなければ話ができない。「この小説にはこういう特徴がある」といっても「そんなの他にあるじゃん」って言われたら終わりなわけですよね。とにかくたくさん読まなきゃ話にならない、ということで読みまくった、そういう原稿を今回は書いたわけです。

たくさん読んだら読んだなりにわかることがあって、一つは「才能」。「才能」があるとないとは決定的に違うんだけど、「才能」があるから人間として幸せとは限らないというのが一点ですね。もう一点は、「時代」ということで、僕が例にあげたのが尾崎紅葉『金色夜叉《こんじきやしゃ》』と徳冨蘆花の『不如帰《ほととぎす》』です。これは時代的には大ベストセラーなんですけど、今生き残ってない。だから、その時代の中で評価されるものと、時代を超えて評価されるものがあるということが、たくさん読みまくるとわかったことです。それは大田先生、小野先生は最初からわかっていらっしゃると思うんですけど、僕は読んでみて自分でそういうことが感じられた、そんな原稿にしたってわけです。

中村先生

小林さんにも質問したことなんですけれども、尾崎紅葉や徳冨蘆花との関連で質問させて下さい。村上春樹は尾崎紅葉や徳冨蘆花なのか、それとも夏目漱石なのか。どっちだと思いますか。

宇佐美先生

そうですね、無国籍性があり、ある時代でなければならないものがそんなに出てこないので、一定程度後に残ると思います。難しいですけど、徳冨蘆花や尾崎紅葉が残らないのは、その時代の特徴だからですよね。だからその時代のその文化、その風俗の中でしか活きないものは時代を超えない。村上春樹はユニクロに似ているという研究があって、汎用性があるんです（笑）。

中村先生　GUじゃなくてユニクロ（笑）。

宇佐美先生　国籍とか性別とか文化とかにあんまりこだわらない。誰でも着られる。というようなところがあるので、そういう意味じゃ後世に残るのかな。

中村先生　漱石ってものすごく文章が新しいじゃないですか。今でも通用するような文章を書いていると思うんですよ。そういう意味ですごいと思う。それが村上春樹にあるのかどうかということだと思います。村上春樹の短編は残ると思うんですけど、長編はどうなのかな……。

宇佐美先生　そうですね、長編の方が現代の社会の課題に特化しているところがありますね。

中村先生　なるほど。すいません、私の質問ばっかりで。またあとで聞かせてください。

宇佐美先生
中村先生は、村上春樹の短編を評価するんですね。

中村先生
評価しますね。短編作家としては、太宰や森鷗外に匹敵するぐらいだと思います。
それでは、大田先生が書かれた原稿に関して、お話をお願いします。

大田先生
今の話が面白かったのでちょっと続けますね（笑）。一〇年前に研究休暇をいただいてケンブリッジに半年いたら、みんな村上春樹が大好きでした。理系の研究者からも庭師からも、「日本人は翻訳じゃなくて原文で読めるからいいね」と言われました。

最初に、「二〇歳前後に何を読んだらいいか」についてひとこと言わせてください。私は、その問いの立て方自体に異議を唱えたいですね。何のために本を読むかと言えば、私が一番大事だと思っているることは、自由を勝ち取るためだと思います。人間が社会の中で生きていくうえで、自由はかなり制限されますね。まあ、私は比較的自由に生きていますけれども（笑）。

自由を獲得するには、「自分」というものがある意味必要ですが、人に合わせたり、社会の基準に合わせたりするうちに、自分って何なのかよくわからなくなるじゃないですか。まあ、それで諦めてしまう人が大半でしょうね。

本を読むことで、「自分ってもしかしたらこうなのかな」とわかるようになって、そうすると「社会の基準とずれているかも」という寂しい思いをするかもしれないけど、でも本を読んでいると、自分と同じような寂しい人に出会うことがあります。それはドストエフスキーなんかがそうですね。オルハン・パムクというトルコのノーベル賞作家は、ドストエフスキーについてそういうエッセイを書いていますが、若い時の私と文学の関係はそのようなものでした。

私の書いた原稿はどんなものだったかというと、二〇歳前後というから高校生の頃のことを書いたら良いのかと思って、今幸いにして大学の研究職に就いていますけど、大学の研究職という仕事、あるいは大学院で四年間以上研究できるということを知ったのはいつだったかなぁと振り返ったら、高校生の時に読んだイギリスの現代小説、マーガレット・ドラブルの『碾臼』という小説で知ったんです。自分の境遇に比べるとものすごく恵まれた、ミドルクラスというよりアッパーミドルに近いような人が、博士論文を書いている時に、ゆきずりの恋愛というか、故意でシングルマザーになってしまうという話で、今も若い人が読む作品ですが、その話を一つ書きました。それからもう一つ、大学の専攻を決める時……中央大学の場合入学前に決めますけど、私が学んだ大学では一年猶予があって専攻に分かれるというシステムだったので、その時に日本文学か、外国文学か悩んだときにどのように決めたかということを、自分の読書と繋げました。『更級日記』からちょっと引用しました。『更級日記』は短いので、繰り返し読みましたね。『更級日記』についてたまたま、今も受験産業として生きているZ会、あの通信添削を友達に教わって受講したら、副読本に『更級日記』についての研究ノートが掲載されていて、こういう文章を書く仕事がやってみたいと高校時代に考えて、大学に入ってからどんな授業でどんな先生や本に出会ったかということを書きましたね。

中村先生

ありがとうございます。飯盛先生、自己紹介をお願いします。

飯盛先生

飯盛元章と申します。哲学専攻で兼任講師をしていまして、「原典講読」というフランス語で哲学のテクストを読む授業を担当しています。今回の原稿ですが、「二〇歳前後に読んだ本について」という依頼を頂いたかと思います。ただ思い返してみると、僕自身は二〇歳の頃にたいして本を読んでいなかったんですね。基本的に読書は嫌いで、文字を読むのも好きじゃない。文字じゃない仕方で、たとえば映像とか脳内に直接データを送り込むとか、そういった仕方で教えてもらえるなら、その方が全然良い。今もそうですが、文字を読むのはめんどくさいなと思っていたんですね。なので、二〇歳の頃、僕はこれを読んだぞって偉そうに言えるものがない。それにそもそも、執筆者全員がそろって読書を賛美するような本になってしまうのも気持ちが悪いな、とも思いました。そういうわけで、僕の原稿の最初の方は、読書なんてしていなかったということを強調した内容になっています。学部生の時はバンドサークルに入っていて、二〇歳の頃はずっとその活動をやっていました。本なしに充実した生活を送っていたんですね。ただそれでも、三・四年生ぐらいになって先のことを考えだして、仕方なしに何となく本を読みだした時期がありました。中学生の頃からずっと抱いていた疑問があって、それに触れたものを探していました。「なぜ意識は存在するのか」という疑問です。「なぜ自己が存在するのか」と言い換えても良いかもしれません。生物が生まれる前、地球上には意識を持ってる存在はいなかったじゃないですか。でも、そこに意識を持つ生物が誕生した。世界の中にたんなる物体がポコンってあるだけじゃなくて、世界を内側から捉え返す視点みたいなものが存在しているということが、不思議でたまらなかったんです。伝わりますかね？

中村先生　他人が哲学の話をしているのを聞くのって恥ずかしいですね（一同笑）。

飯盛先生　（笑）。何か本を読めば答えが書いてあるのかなぁと思って、本を読み出したんですよね。高校生ぐらいの時にもいろいろ読んでみたことはあったんですが、その時は、意識の問題だから生物学の本を読めば何か書いてあるだろうと思ってパラパラと読んでいました。でも、まったくの期待はずれで、生物学の本には見当違いのことしか書いていなかったんですね。で、改めて大学三・四年生の頃にいろいろ読み始めて、そこでようやく「哲学」という学問分野があるってことを知ったんです。意識の問題もそうだし、他にももっと面白い思考のパズルをやっている人たちがいる。すごく楽しそうなことを学問という名目でやっている人たちがいるということを知って、これを大学院に行って勉強するってことにしたら良いんじゃないか、と思いました。僕の原稿では、その頃に出会った本を紹介しています。

一冊目は、野矢茂樹さんの『哲学の謎』という本です。この本は、哲学のいろいろな問題が対話形式でわかりやすく紹介されている本です。僕にとっては、とくに意識や認識の問題、他人に心はあるのかどうかといった問題を扱った箇所がすごく印象的でした。初めて哲学的思考のパズルにアプローチするのに適した本で、これが哲学を知るきっかけになった本だったと記憶しています。その後に、この本との繋がりで永井均さんの『〈子ども〉のための哲学』という本を読みました。永井さんは、意識の問題をもっと先鋭化させています。視点が無数にあるうち、なぜかこの〈私〉から世界が開かれている。これはどういうことだろうか。こんな仕方で問いを先鋭化させていて、それがすごくわかりやすい言葉で書かれていて、学部生の頃に読んでかなり影響を受けました。

中村先生

それでは、及川先生お願いします。

及川先生

私が書いた原稿は、李鋭という中国の人が書いた獄中詩集の本についてです。他の先生がたくさんの本をあげて、具体的に内容にも触れながら、どんなふうに読んだのかと書いてくださっているのと全く違って、私はこの原稿でよかったのかと今でもちょっと不安なのですが、たった一冊の本とどう出会って、どんなふうに読んでいるのか、今も読み続けているのか、そしてまだ読み終わってないという話を書きました。獄中詩集……中国語で書かれた物で、毛沢東の秘書をしていた李鋭、その人が毛沢東の秘書でありながら毛沢東に反対意見を述べて、捕まって、文化大革命で八年間も投獄されて、ペンもインクも紙も与えられない中で、どうやって自分の思考を正常に保とうとしたか、消毒液の……日本でいう「赤チン」といいますが、中国の場合は紫色の消毒液なんですが、その消毒液をインク代わりに、綿棒を使って、差し入れが許された『レーニン文選』の余白に自分の詩を書き続けて、八年間生き延びたという人の詩集です。私は留学中の二〇歳の頃に出会って、その本を入手したいと思ったこと、そして実際に中国ではその本が買えずに、ずっと探し続けて、やっと入手したのですが、作者の李鋭という人に直接会いに行ってきました。毛沢東の秘書をしていた中国共産党の幹部に留学生が会うというのはとんでもない話だったんですが、怖いもの知らずで世間知らずだった私は、中国共産党の本部に電話をかけて、「日本人留学生なんですけど……会いたいんですけど……」と、そんな無謀なことをしていた二〇歳の頃の思い出話を書きました。李鋭という人のオーラルヒストリーを始めて、博士論文を書いて、ずっとその人の研究をしている、つまり、体制の中にありながら、体制に批判的で、反対意見を書き続けて、自分の信念を貫いて、一〇一歳で亡くなるまで約二〇年にわたってオーラルヒストリーを続けた、というようなことを書きました。皆さんに二〇歳の頃にどんな本を読んだら良いのかというお話で、何をお伝えしたら良いのかと思ったときに、私が原稿を通してお伝えしたかったのは、読んですぐわかる本とは限らずとも、とにかく難しくっても何か気になる本は手元に置いておいて、いつかわかるかもしれない、何度か読んだら何か少しは得る物があるかもしれない……そしてできれば外国語を勉強している学生の皆さんには原書にもチャレンジしてほしい、私の場合は中国語をやっていますので、中国語で中国の人が書いた詩を読むことで、その人の生き方や思想に触れたい、やっぱりこれは翻訳ではなく原書で読みたいなぁと思ってそんなチャレンジをしています。たった一冊の薄い詩集なんですが、その本をどうやって知ってどう出会って、どうやって入手して、そしてどんなふうに今も読んでいるのかというお話を書きました。結局その詩集に何が書いてあるのかっていうことはあまり書けなかったので、もしかしたら原稿としてはどうかと思うのですが、最後にお伝えしたいのは、結局今も読み続けているということです。やっぱりわからなくて、外国人が獄中詩集を理解するのはとても難しいので、私は一生この詩集と彼の人生に向き合い続けながら、中国政治の難しさや厳しさや、その中で逞しく生きていこうとする人々に関心を寄せていくのだろうなという、自分の研究の原点でもあります。皆さんもぜひ何か気になる一冊、ずっと時間をかけて取り組むような、原書で辞書を引きながら一言一言噛み締めるような、そんな本に出会ってほしいと思います。

以上です。ありがとうございます。

中村先生

これもちょっと忘れないうちに……李鋭さんにお電話して会われたということなんですが、他の人が言うには「そんなの考えられない」ということらしいんですけど……それはやっぱり何かがあったんでしょうか。つまり、李鋭さんの方に及川先生に会ってみようっていう気持ちになった何かきっかけがあったのでしょうか。

及川先生

李鋭という人の大胆さがかっこいいなと思って伝えました。三峡ダムを毛沢東が造りたかったが、それにあえて反対意見を述べた、自分がどう評価されるかは別として何か思ったことを言うとか、手紙を書いて毛沢東に訴える……そういうやり方が良いかどうかは別としてかっこいいなと思ってしまったんですね。そういうことにすごく惹かれて、お会いしたときもご本人に「中国共産党の中で反対意見を述べるのはなかなか難しいんじゃないですか、現に逮捕されていますし」ということを質問したりしましたら、「思ったことを言わないとだめ」だと。学生の皆さんにはお伝えしましたが、李鋭の有名な言葉で、私の研究室に、直筆で書いてもらった書があります。「人としてのあり方と、党員としてのあるべき姿に根本的な矛盾が生じたときには、私は一切の犠牲を惜しまずに前者を守り抜き、自分自身に対して、また歴史に対しても申し聞きが立つようにしたい」という意味です。人間というのは、中国や日本に限らず、立場とか役職とか、こうあるべきだとか、学生さんでも学生としてはこうした方が無難じゃないかとか……そういう立場に置き換えて自分の言うべきこと、言いたいことをいろいろ考えたりすると思うんですけど、良いか悪いかという評価は別として、自分の心の中の思いに素直になって、それを貫く彼の大胆さに惹かれて、憧れています。私は実はあんまりはっきり言えないので……憧れつつ自分の中では発言の歯切れは悪いんですが……そんなところに憧れています。

中村先生
及川先生が大胆に電話したっていうことに関して何か応じてくださったということですかね。自分と同じようなことをしている日本の女性がいるということで。

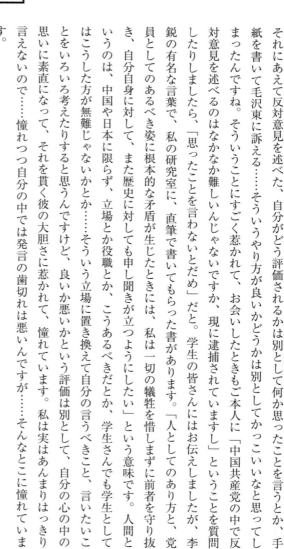

及川先生

面白がってくださったのかもしれないですね。言われたのが、かつて日本は中国に侵略戦争をした。その国の若い留学生が何かわからないけれど興味を持って電話をかけてきた。日本の若者として侵略戦争のことは勉強してるんですか、あなたは侵略戦争についてどう思うのですかというのは何度も何度も繰り返し聞かれました。

宇佐美先生

なんか胸にグサグサきましたね。行政職として毎日言いたいことを言わずに飲み込んでいる身としては（笑）。

大田先生

大田校長先生もそうでしょ？

あー、まぁ、でも適度に言いたいことを言って……。驚かせています、皆さんを（一同笑）。

伊藤

実際に原稿をお書きになってくださったと思うんですけれども、原稿の依頼を受けた時にどういった気持ちだったか。また、書いている時にどういったことを思い出したのかをお伺いしたいです。では逆からお願いします。

飯盛先生

すみません、もう一回いいですか？ ぼーっとしちゃって。油断してました。

中村先生
実際の先生方が二〇歳の頃にどういったことを考えていたのかを含めてってこと？
伊藤
そうですね。どういったこと感じていたのかってことと、あと依頼を受けたときにどういった印象であったり。
飯盛先生
先ほどお話ししたことと重なるんですけど、「二〇歳頃に読んだ本」というテーマで依頼をいただいたけど、ぴったり二〇歳の頃は本を読んでいなかったので、どうしようかなっていうのが最初に感じたことでした。なので、ちょっとずらして大学卒業する頃のことを思い出して書きました。あと原稿の冒頭では、バンドサークルで活動していた時のことを書いたんですが、その頃の感覚をリアルに書けたら良いなと思って、久しぶりにその頃の友人のことなどを思い返したりしてみました。
中村先生
デーモン小暮がいたバンドサークルで、早稲田大学なんですよ。
飯盛先生
そうですね、早稲田フォークソングっていう、略してWFSっていうサークルだったんですけど、全然フォークソングをやってる人はいなくて、メタルをやってる人が多かったです。こんな感じで大丈夫ですか？

伊藤
ありがとうございます。次に大田先生お願いします。

大田先生
依頼を受けた時に、こうハッキリ言っていいのかわからないけど、少しムッとしました。私はさっき自己紹介で言い忘れましたが、文学表現もしていて、歌集やエッセイ集を出版しています。『大田美和の本』……あのタイトルはエディターが付けたんですが、『大田美和の本』の巻末に自筆年譜がありまして、そこにかなりたくさん自分が読んできた本の書名をあげたんですよ。あれ読めばわかるのに、今更何を書けばいいの？　でも多分読んでないんだろうなぁと思って、改めて考えなおしてみました。『大田美和の本』の時は作家の自己形成としてどこから栄養を吸収してどのような読書遍歴をたどったかを書きましたが、今回細木さんとやり取りした時に、やっぱり英文学やフェミニズムやジェンダー論など今やっていることに繋げたほうがいいんですか？　と聞いたら、そうしてくださいということでしたので、今大学教師として教えていること、研究していることと、高校時代の読書経験がどう結びついているのかという視点で見直したら、自分にとっても同じ経験を別の視点から見られたので、発見があって面白い作業になりました。ということで、依頼をいただけて感謝しています。売れない作家なので依頼は大歓迎。ただ、先生方の中に私が交じっていいのかな、他の先生方は錚々たる研究者ばかりなので、それわかって依頼されたのかなと悩みました。でも好きなように書いてしまいました。

伊藤

では宇佐美先生お願いします。

宇佐美先生

原稿の依頼を受け取った時は、内容がパッと浮かばなくて、わりと依頼を受けた瞬間に浮かぶことってあるんですけど今回無かった。

それをうけて今回どうしてだろうって考えてみると、やっぱり自分には「この一冊」という本がないんだなと先程の及川先生のお話を伺ってて思いました。及川先生がこの本と自分が一生向き合っていこうという本に出会えたのは素晴らしいなと思うんですけど、逆に自分にはそういう本が無い。

今テレビドラマの研究をやってますけど、マスコミの人からベストワンはなんですかとか、研究者としてベストワンのドラマ選ぶならなんですかと言われるんですけど、そういうふうに言われてもあんまり浮かばないっていうのがあります。それでいろいろ考えて二〇歳の頃を思い出してみると、そういう一冊が無いのが自分の読書なんだろうなというふうに思いましたね。

一つの本に徹底的に向き合う読書は自分には向いていない、やりたいことも移ってく、凝り性だけど熱がさめるとパタッとやめちゃったりするので、いろんなことをやりたいって方が自分らしいのかなと原稿を依頼していただいて気づけた。いろんなものを読んで、一人の作家をずっと研究しないんです。研究者って樋口一葉の研究をずっと続けている人とか夏目漱石の研究を一生やってる人っているんですけど、自分ってそうじゃないんだなっていうことに気づきました。だからこそ今回のような近代小説をたくさん読むと何がわかってくるのかということを書きました。他の先生方もたくさん読んでいるとは思うんですけど、自分は誰かに特化して読んだりしないってところが自分の読み方なのかな、というふうに原稿を書いた感じです。

中村先生

宇佐美先生、バレーボールやってらしたと思うんですけど、スポーツに関してもそうですか？

宇佐美先生

そうなんですよ実は。自分は競技者としては陸上競技選手だったんですけど、大人になってからは二〇年ぐらい毎週バレーボールをやってます。それからさっきラグビー観戦が好きだっていう学生がいたと思うんですけど、観るスポーツとしてはラグビーが一番好きなんです。学生の皆さんは知らないでしょうけど、新日鉄釜石七連覇の時は国立競技場見に行ったりしてたんですよ。松尾雄治の引退試合をスタンドで見てたんです。でもラグビーが下火になってしまうとちょっとつまんなくなって、サッカーに乗り換えた時期があるんです。で、ドイツとか南アフリカとかにサッカー観に行ったりして、わりと移り気かもしれません。

中村先生

じゃあどの分野でも移り気？　碁を打たれるじゃないですか。他のボードゲームは？

宇佐美先生

いや、碁は頭を切りかえるための趣味なのでそこまで一生懸命じゃなくて、将棋とかはあまりやらないんですよね。将棋のお好きな方がお二人いらっしゃるので申し訳ないんですけど。オセロはかなりできます……。

伊藤　では次に小野先生お願いします。

小野先生　私は高校生の頃は詩ばっかり読んでたんですね。日本の現代詩だとか、翻訳の詩だとか読んでいました。大学で何やろうかなって思ったんですが、私ぐらいの年代だと、私六五歳ですけどこのあたりまでの年代はどうしても文学書を読むと結局明治維新のところの先まではいけないんですよね。明治以降のものを読むことになるんですよ。そうすると明治以降大正あたりまではなんと言っても書いてる人がみんなヨーロッパに影響されているのでヨーロッパにひきずられていくんですよね。それで私の場合は読んでいた詩人だとフランスの詩人が多かったんで仏文やろうと思って。仏文やろうと思ったらやっぱりとりあえず読んでないと話にならないってことになって、そうすると文庫本で出てるやつは全部読もうというような感じですよね。それで読んでいたら面白くて。ただ読んでいた時に『危険な関係』もそうですがこの本が面白いっていうよりも、この本を面白がっている自分の中で起きていることが一体何なんだろうということですよね。で、そうするともちろん本と自分が反応してるということもあるんだけど、同時に本という作り物の中に自分にこう思わせる仕掛けがどこかにあるはずだということですね。そうするとそれこそプラモデルの分解じゃないですけどこっちのネジ外してみたらどうなるかとか、どこにどういうネジが刺さっているだとか。で、最近はそういう物言いはやめましたけど、友人と話したりなんなりしているときにしばらく自分の中の文学の定義として採用していたのが文学というのはウソツキ装置だというものでした。ウソツキというよりなんだか効果というものを読者の方に呼び起こす、そういうものだってことですね。そうするとじゃあどういう仕組みで動き出すのか、それをなんかこうばらしてとにかく自分なりに組み立ててみるということに一〇年、一五年ぐらい熱中していたような気がします。

ただその後どうも話は違うんじゃないかなって思い始めました。なぜかというと今言ってたような話ってそれこそ私が大学だとか大学院だとかそのあたり二〇代、三〇代の時は世間的に通用していた考え方で、つまり内部分析ですよね。テキストがどういうふうに作られているかを探ろうとしているわけです。だけど、さっき言ったように反応したのは自分だったわけですよね。自分には自分のコンテクストがあって、その自分のコンテクストとテキストが反応したときに自分の読書経験ができるわけです。そうするとテキストの中だけいじっていてもしようがないわけです。自分の読書経験を語るだけならテキスト内部と自分のコンテクストとがどうかみ合ってるかという話をすればいいけど、じゃあ自分を離れて例えば日本社会の中で、あるいは二〇世紀の中でその作品がどう機能してたかってことになるそちらのコンテクストが、つまり日本のコンテクストなり二〇世紀のコンテクストが全部関わってくるわけですよね。そうするとそういうことを語る方法はあるのかということになります。それに呆然としてるここ一〇年、一五年ですね。

中村先生

小野先生はそれを目指してらっしゃるわけですか？　二〇世紀というコンテクストで。

小野先生

いやいや、それをどういうふうにやったらそんな語り方ができるのかという。

中村先生

そう考えるということは、そういう語り方をしてみたいっていう？

小野先生

それはありますけど、でもとっかかりがなくて全然。それこそ今回書いたのでも相変わらず部品装置をいじっているだけで。

中村先生

すごく面白かったです。さっきの神の視点じゃないけどラクロの視点も読者の視点も結局「神の視点」にはならないというのが最終的な結論で、もちろん登場人物もそうですけど。それがものすごく面白かった。結局はわからないというのが。そういうのを書かれるのに二〇世紀や日本といった文脈で考えられているんだと。

小野先生

だって呆然とするじゃないですか。つまりテキストの内部のことだけについて語るのは語れるんだけど、だけどそれはテキストの中だけの話であって、でも本というのはテキストだけではしようがなくて、テキストとやっぱり読む人間があって初めてテキストが浮き上がってくるもんで、浮き上がってきたものをどうやったら語れるのかということですよね。まぁわからない。

中村先生

テキストを読む、そして読者がいて作者がいて。これだけ複雑で結局わからない構造があるのに、さらに二〇世紀とか日本とかのコンテクストを考えると呆然とせざるを得ませんよね。

小野先生

呆然とせざるを得ないです。

中村先生

そうですよね。でも小野先生がそれを目指そうとされてるのが不思議だなって。このテキストを読むだけでも大変なのに。

あ、それともう一つだけ、高校の時に例えば日本の現代詩だと、どういう詩人がお好きだったんですか。

小野先生

あの当時ですとね、渡辺武信ですね。この人は、大岡信なんかと非常に親しく、大岡信より一五年くらい年下なんです。悪口のように聞こえるかもしれませんが大岡信も抒情詩人ですが渡辺武信はそれをさらに、びしょびしょにしたような人です。

中村先生

抒情詩がお好きなんですか。

小野先生　それはね、その人が好きだったんですね。あとはね、やっぱりその頃から思ってね、一番わからないと思うのは宮沢賢治という人で。一つだけ挙げるとすると、「四月の気層の光の底を　一人さみしはぎしりゆききする　おれは一人の修羅なのだ」なんで四月と気層と修羅が並ぶんだろう、って言語感覚として不思議だなと思って。ただこれが法華経っていわれるといやになっちゃって。

中村先生　私は、小野先生より少し年下だと思うんですけど、二〇歳前後の時、吉岡実が大好きで。

小野先生　吉岡実いいですね。

中村先生　あの頃そんなに評価されていなかったと思う。

小野先生　じとーってしてね。きらいなのは吉本隆明。

中村先生　私も、吉本は、評論は好きだけど、詩は好きじゃないな。それでは、最後に及川先生いかがですか。

及川先生

この授業に関わっているので、書くしかないかなと思ったんですが、これが書けなくて編集担当の木村さんに申し訳なくて、悪い執筆者の見本みたいになってしまいました。書くときに考えたことが二つありまして、この授業のテーマがヒトとモノなので、モノとしての本をどう考えるかということです。もちろん電子ブックもありますし、ネットでもいろんなものが読めますし、モノとしての本をどう考えるのか、自分にとってどんなモノなのか、すごく考えました。ありがたいことに研究室もいただいてたくさんの本を研究費で買うことができ、たくさんの本に囲まれて、あるいは本に埋もれている生活なのに、読みたい本を自由に読んでいる生活かと言うと意外とそうではなくて、読まなければいけない本を読む、原稿を書くために読む、宿題で読まなければいけない本がすごくたくさんあって、これはやっぱり、買って読まなければいけないかな、と思うわけです。そういう本に埋もれている生活をずっとしているので、改めて私にとって本ってなんだろう、モノとヒトというテーマでモノとしての本ということをすごく考えます。これが一点目です。もう一つは私の研究テーマ、専門はなんだろうと学生の皆さんから質問されて、私の研究テーマや専門はどのようにご紹介したらいいんだろうと考えました。文学部でお世話になって、中国語や現代中国事情を教えるチャンスもいただいて。中大に来て三年目になりますが、もともと法学部で中国政治をやっていましたし、中国文学に触れているわけではないので、政治思想、社会思想の領域から文学部の中国言語文化専攻に所属させていただくことをすごくありがたいと思いながら、私はこういう枠組みでこういう研究をしています、となかなか言えないところもあります。今の中国はあまりよろしくないニュースが多いので、中国についてもどんなふうにお伝えしたらいいのかなとずっとこのところ考えていました。その意味では、好きとか嫌いとかの感情は置いておいて、引っ越しできないお隣の中国について、日本と中国の関係について、自分が中国についてどんなふうに関わればいいのかをお伝えできればいいなと考えています。私の場合は、李鋭という老人にすごく惹かれて興味を持って研究をしているのですが、やっぱり国の体制や社会の制度の違いがあっても一人一人が人として惹かれて、国としての魅力やおもしろさを感じてもらえたらいいと思います。

細木

次の質問にいかさせていただきます。また飯盛先生から、今回の原稿を書く時に織り込めなかった話や裏話や思い出とか。今回八、〇〇〇字に入らなかった話とかなど、二〇歳前後の話ということで書かなかったけれど思い出した話などあればお願いします。

飯盛先生

書かなかった話ってパッと思いつかないですね。八、〇〇〇字という指定で依頼をいただいて、でも実際書いてみると止まらなくなってしまった。わりかしその頃のことを盛り込んだつもりだったので、言い切ったかなという感じです。なんかあったかなあ。とりあえずパスでお願いします。

大田先生

八、〇〇〇字、短いですかね。エッセイも研究論文も、いつも二倍ぐらい書いて半分に削るんですが、今回は二倍書かなかったかな。高校・大学の早い時期に出会った本と先生の話を書きました。でき上って見直してみると、今もお世話になっている大学院時代の指導教授に触れられなかったと気づきました。今でも私の書いたものを本当に喜んで読んで下さる方で、大学院生の時はレポートに赤でびっしりとコメントを書いてくれる先生でしたから、恩ははかりしれないのに。

高校時代の先生との出会いで触れられなかったのは、美術の先生で、私が第一歌集を出版した時にお祝いのはがきを下さいました。「本物になる努力を続けなさい。世の中には偽物がいっぱいいるから。短歌の世界なら歌壇、小説なら文壇があって、そこには政治的な権力や思惑が働くのだろうけど、あなたは表現することを選んだのだから、本物であり続けなさい」と書かれていました。とてもいいはなむけの言葉だと思って、今も大切にしている言葉です。

宇佐美先生

書きたいことを書けなかった、字数で入らなかったというのは今回なかったです。さっきも言ったように、若い頃読んでた本があるんですけどあんまり思い出したくない。高校生の時に好きだったのが、本当に大衆小説なんですけど、森村桂『天国に一番近い島』。だって本読んだことがない高校生だったから。

中村先生

宇佐美先生

あれは面白い本だった。とても好きな本でした。

そういった大衆的な本から、言うのも恥ずかしいけど太宰治へ移りました。あれはもう「はしか」みたいなものですね。「太宰さんだけは僕の気持ちをわかってくれる」、そんな気持ちになっちゃう思春期があるんです。今思い出すと太宰を読んでたこと自体、恥ずかしい。

中村先生

でも中期の太宰は、いいですよ。生粋のユーモア作家ですね。

宇佐美先生

あと、福永武彦。非常に観念的な小説です。ああいうのを好きで読んでいた時期もあるけど、それもね、通り過ぎたら全く振り返るのがやんなっちゃった。そういうようなところはあえて今回の原稿に意図的に入れなかった、そんな感じですかね。

小野先生

私は、最初に書いた原稿が一〇、〇〇〇字ぐらいで、それでなんとかどういうふうにこの本に出合ったのかは頭に書いたんですけど、それは削っちゃって、でもなかなか削れなくて、九、〇〇〇字ぐらいいっちゃったんですけど、それで、さっき及川先生のお話で、原文のお話がありましたけど、私が取り上げた本、ラクロの『危険な関係』は、進んで手に取った本ではなく、授業で教師が取り上げていた本です。今これ私も野蛮と言われてもいいのでやりたいなと思うんですけれど、ここの学生を見ながらそれをやったらとてもじゃないけれど、追い出されるだろうと思ってやらないんですけれど、ものすごく野蛮な授業をする人でした。『危険な関係』はフランス語では三〇〇ページぐらいなんですけど、三〇〇ページをただ単に授業回数で割るんですよ。それで一回何ページって決めて、そのページずつ進んでいくんです。それでもちろん読めるはずがない。だって一八世紀末のフランス語でしかも結構凝ったフランス語なので、大学三年生がまともに読めるわけがないんです。翻訳を使って、筋はなんとか追いかけながら気になったところは原文で、といった形で読みました。この授業と並行した別の教師の、ラシーヌの『フェードル』を読む授業は野蛮な教師と対照的でね、一回に一〇行ぐらい、へたしたら一回で三行ぐらいしか進みませんでした。辞書を引きながらある単語について聞くわけです、そうすると彼はそこで考えこんで二分間ぐらいじっと黙っているんですよ。それで一言も言わないんです。挙句の果てに二分ぐらい経ってから、〇〇くんこれをそんなふうにお読みになりますか？　と聞いてくるんですね。

中村先生
その授業、オンラインじゃ絶対無理ですね。

小野先生
そちらのテキストはそのとき原文で全体を読みました。古典悲劇っていうのは、上演時間が決まっていますからそんな長いものは書けないわけです。
それで、授業ではおそらく一〇ページくらいしか一年間でやってないんですけど、それは全部読んだんですね。これがね、麗しいんだな（笑）。原文として大学三年生の目で読んでいても麗しいんですよ、えっらい麗しいんですね。それはね翻訳で読んだんじゃ絶対分からない。すごい簡潔っていうのかな。たとえば、フランスの古典悲劇ってのは、一行一二音でできていて、アレクサンドランという詩型なんですが、ジュルヴィ、ジュルジ、ジュパリアサヴュ（仏語）っていうんですかね。主人公がいて、フェードルがいて、彼女が一目見て一目惚れしてしまった自分の亭主の息子ってのがいて、一種の近親相姦の話なんですけど、「私は彼を見た。私は顔が赤らんだ。私は彼を見て顔色が青ざめた」みたいな、これが一二音に収まるんですよ。その行（ジュルヴィ、ジュル……のこと）だけ未だに覚えてますけど。これがすごくてね、そういうことができるんだっていうのが衝撃でね。そういうことをそれこそ僕は書きたかったんですけれど、だけどなかなか日本語で説明するって難しいんだよね。それで、ある意味、卑怯に書きやすいものに走ったということです（笑）。

小林　次に、及川先生お願いいたします。

及川先生　原稿を書いてあらためて反省をしているのは、結局その詩集になにが書いてあったかのか、どんな詩集だったのかということは紹介しなかったなと思いました。その詩集とどう出会って、どう手に入れて、どう読んでいるのかという、詩集の作者との話は書いたんですが、もしかしたら具体的に彼の詩の一編でも数行でもご紹介できれば良かったのかな、と思いました。では、なぜそれをあえてしなかったのか、忘れていたわけではなく、できなかったのか、しなかったのかというと、やっぱりその獄中詩集を原文で読むということですね。翻訳ではなく、原文で読むということを考えると、一行の言葉を解釈して日本語にするのに、何冊も参考資料が必要なくらい、時代背景とか、中国の政治状況だとか、社会事情だとか、いろいろな説明が必要です。文化大革命といっても、やっぱり説明することも必要ですし、なんか脚注だらけの翻訳になってしまうと思いました。お伝えしたかったのは、一冊を読むのに何冊も参考資料を使うような読書もいいのではないかな、ということです。例えば、私の身近な人の例なのですが、その知人は最近ルイス・フロイスの『日本史』を読んでいるそうです。コロナ禍で時間があるので、ずっとルイス・フロイスの『日本史』を読んでいる。イエズス会の宣教師が書いた『日本史』ですね。それを読むのに何冊も参考資料が必要なのだそうです。これを調べるためにこの本を先に読んで、これを理解してからまた読み進めて。ずっとずっと読んでも、なかなか進まないのでまだ織田信長が死なない（一同笑）。ずっと時間がかかるという話をたまたま身近に聞きまして、そういう読書のあり方もあるんだな、ということを最近思いました。最近は、効率よく、例えば三時間でわかる中国とかいう本があったりするんですが（笑）、三時間なんかじゃわからないよと自分でつっこみながら、気になって買ってしまうのですが（一同笑）。

宇佐美先生

本当は四〇〇〇年かかるのに（一同笑）。

及川先生

そうなんです。それが、最近は中国五〇〇〇年の歴史とも言います（一同笑）。

宇佐美先生

だんだん歴史が伸びていく（笑）。

及川先生　いつの間に一〇〇〇年増えたんだろう（一同笑）、と思います。中華人民共和国はまだ七一年しか経っていないので。話を戻しますと、いかに手っ取り早く読んで何を得るかという効率的な読書ではなくて、一冊を読むのに何冊も参考資料を手元に置くような。私の場合はその詩集の一行を読むために、彼の一〇一年の人生をその時代背景も含めて勉強するという読書もよいと思います。一〇一歳まで生きた人の詩集なので、私はまだまだだなと思いながら。ただ、学生の皆さんにとっては読書ガイドとして、この本をどうぞ手に取ってくださいというような紹介の仕方ではなかったので、最後に参考資料の何冊かは挙げたのですが、ブックガイドとしては失格だったなという反省があります。

中村先生　いえいえ。でも及川先生の原稿は『龍胆紫集』に出会うまで、実際に現物を手にするまでがすごく長いわけじゃないですか。そのストーリーがいいんですよ。だから『龍胆紫集』そのものについて書いちゃだめなんです、おそらく。それは謎のままに残しておかないと（一同笑）。だから話のもっていき方が、とてもうまいなあと思いました（笑）。

及川先生　結局どんな本なのかわかりませんね（笑）。

中村先生

（笑）。いや、本当にうまいなと思いました。

及川先生

ありがとうございます。

宇佐美先生

人生を変える一冊に出会うまでのストーリー。

中村先生

そうなんです。

及川先生

うまくまとめていただいて、ありがとうございます。

細木

飯盛先生、お願いいたします。

飯盛先生

二〇歳の頃って話だったので、学部生の頃の話しか書いてなかったんですけど、大学院に入ってからの話とかも枚数があれば書けたらなと。指導教授が中村先生だったんですけど、その頃の話だったりとか、入れられれば一冊中村先生の本も入れたい（一同笑）。

中村先生

うそつけ（笑）。入れられても入れてないでしょ（笑）。

飯盛先生
原稿の最後にも書いたんですが、もし機会があれば大学院以降の話も書きたいです。もちろん、中村先生の本を中心にして。

中村先生
もういいから（一同笑）。

細木
次に、今現在読んでいらっしゃる本をお聞きしたいのですが、できれば専門の本と専門外の本どちらもお聞きしたいです。及川先生からお願いします。

及川先生
専門の本で読んでいるのは、香港関係の本です。つい昨日ですね、アグネス・チョウという、みなさんとそんなに年は変わらない民主化運動の活動家の彼女が禁錮一〇カ月という判決がおりました。民主や自由や人権は大事だという理念とはまた違って、運動のあり方というのはなかなか難しいので、香港関係の本を読んでもいますし、授業でも学生たちとこのテーマを扱っています。その他に、専門外で読み始めているのが、マンガの『進撃の巨人』を読んでいます。（一同笑）あれは大変ですね、全然進まなくて。どうして読もうと思ったのかは、巨人に襲われる人間の話で、すごくつらいですよね、読んでいると。話が香港につながるんですけど、香港の若者は『進撃の巨人』が大好きなんですね。進撃してくる中国共産党政権と、塀に囲まれている中の自分たちに例えて、香港の若者たちはとにかく『進撃の巨人』をすごく読んでいる。そういったものを理解するためには原作を読まないといけないと思って一生懸命読んでいるんですけれど。流行り物も気になるので『鬼滅の刃』も（一同笑）、読もうかと思っているんですが、ちょっと22巻は手強いなと思って、どうしようかなと思っているところです。さっき言ったことと矛盾するのですが、三時間で分かる中国というのは、研究者としてはダメだなって思うのですが、できれば三時間で分かる『進撃の巨人』とか（一同笑）、あったらいいなと思っているところです。

伊藤

小野先生、お願いいたします。

小野先生

読んでるっていうのか、翻訳をしているんですけど、一八六八年に生まれて一八四八年に死んだシャトーブリアンという作家がいまして、その人は右翼反動なんですね（笑）。王制復古の時期に政治家やってた人で、七月革命が起きた後でも、王様はブルボンの直系じゃなくちゃいけないというふうにして死ぬまでがんばっていた人で、この人が書いた回想録があって、えらい長いんですよ。それこそ四〇〇ページくらいのが四冊くらいあって、仏文でいうともの凄くむこうで評価が高いんですけど、日本人がほとんど知らない数少ない本のひとつなんですね。それをここ十数年くらい、暇を見つけては発作的に少しずつ訳していて、だいたい日本語に落としたんですけど、それを自分でまた読み返しているというのがひとつですね。自分の専門に関係ないものでいうと、睡眠導入剤代わりに島崎藤村ですね（一同笑）。これを電子ブックで読んでいて。

宇佐美先生
藤村の何を？　長いのか短いのかとか。

小野先生
いろいろ読みますよ。『夜明け前』も読みますし、

宇佐美先生
あれは眠くなる。

小野先生
『家』も読みますし、『新生』も読みますし。なんで島崎藤村を読むかというと、ほんとに、『夜明け前』は別として、『家』とか『新生』とか読んでるとほんとにくだらない話なんですね。ほんとにどうしようもない話で、こいつどうしようもないなと思うんだけど、だけどそれが気持ちよく読めるんだよね。それが不思議でしようがなくて。なぜこういうくだらない話を気持ちよく読めるのかということを考えながら、心地よく眠りに就いていくってのが気持ちよくて（笑）。

中村先生
島崎藤村を選んだ理由は、あるんですか。

小野先生
『夜明け前』ですね。『夜明け前』が一番最初に気に入って。

中村先生　それはたまたま？

小野先生　それこそフランスにいたときに、訪ねてきた友人がもう日本に帰るんで要らないからって置いてったんですね。それで読み始めて。そしたら『夜明け前』がやたらとおもしろくてね。ただ他の『家』とか『新生』ってのは日本語が今読んでいても気にならないんだけど、逆にね、『夜明け前』は初めて読んだときはおもしろいと思ったんだけど、今読むとね、『夜明け前』のほうの日本語は引っかかるんだよね。なんでかなと思って。まあでもあの『夜明け前』のお父さんはいいですよ。

宇佐美先生　たぶん、緊密な構成のあるものとか、すごい繊細な研ぎ澄まされたものよりも、ゆったりとしたつまんないことを延々と書くようなものに、だんだんと惹かれていくんじゃないかな。研ぎ澄まされすぎているものって疲れますよね、こっちも。

中村先生　小島信夫とかは読まないんですか。

小野先生　読まないですね。フランスのものでも日本のものでもダメですね、最近は。自分の生まれた後に書かれたものは（笑）。（一同笑）

小林　宇佐美先生、お願いします。

宇佐美先生　すみません、全然読んでいないですね。毎日会議の資料ばっかり読んでいて（一同笑）。

中村先生　突然辞めるとかいったら怒られますからね。

宇佐美先生　なにを（笑）？

中村先生　学部長を。

宇佐美先生　学部長を（笑）？

中村先生　今日までにしてくれ、みたいに。

宇佐美先生　いやいや、辞められるもんなら辞めたいですよ（笑）。（一同笑）

中村先生

見ていてこっちがつらい（笑）。延々と書類とかを会議で読まれるじゃないですか。宇佐美先生がこんなことまでやらなくていいのに、とか思いながら聞いてますけど。

宇佐美先生

そうなんですけど、思うに、話逸れますけど、僕が研究するのと、僕が研究をやめて皆さんに研究をやってもらうのと、組織としてはどちらがプラスかといったら、それは皆さんに研究をやってもらった方がいいに決まってるんですよね。僕が研究をやっても大した成果は上がらないわけですから、僕が雑用する方がいい。宮沢賢治ですよね（一同笑）。みんなの幸せのためにやっている（笑）。だからまあ、組織としては話が合っているのかな、という感じがします。僕はわりと「ながら族」で二つのことをいっぺんにすることできるので、パソコンでなにか文章をつくりながら、耳でドラマの音だけ聞いてる、というのはわりとよくある。音を聞きながら仕事をすることはできるので、ドラマを聞くですね、ほとんど見てはないんですけど、聞くのは唯一楽しみです。

僕のゼミは小説あり、ドラマ、映画、漫画、アニメなんでもありなので、学生が卒論に取り上げるものを読んだり見たりという感じです。

大田先生

宇佐美先生ほどではないですけど、行政職になると、なぜコロナでみんなには暇な時間があるの？という感じで（笑）。

専門というのは、私はもう自分に歯止めがかかってなくて、これは関わるだろうと思うものをいくらでも読んでいる状態です。

最近、パウラ・モーダーゾーン＝ベッカーというドイツの女性画家で、日本では葉山と宇都宮で展覧会がありましたが、その評伝の翻訳がみすず書房からようやく出ました。素晴らしい本なのに、Twitterで誰もつぶやかないし書評も出ないし、私、美術史が専門じゃないから頼んでも書かせてもらえないかな、でも頼んでみようかなと考えながら「図書新聞」に売り込みました（笑）。売り込みをかけるのは得意なので。忙しいからやめればいいのに。家の中は本の蟻塚だらけで足の踏み場もありません（笑）。失礼しました。

飯盛先生

ぼくは本を読むのがあまり得意ではなくて、レクリエーション感覚で本を読むことがないので、専門外の本はほとんど読まないんですが…。ひとつ挙げれば、『進撃の巨人』が面白かったです。漫画を読むことさえ大変なので、アニメでさくっと観ました。途中までは、「壁の内と外」という空間でストーリーが展開していくんですが、ある段階にくると、じつは「壁の内と外」のさらに外があったということが発覚するんです。いままでの舞台設定そのものを条件づけるさらなる外部がある、という展開になるんですね。ガラッと世界観が変わる爽快感みたいなものがありました。あとは、いまさらですが『シン・ゴジラ』を観ました。映画全体の真ん中ぐらいですが、ゴジラが日本の中心地である東京で破壊光線を撒き散らして、焼け野原にするっていうシーンがあります。自分が生きている日常的な世界が一変する映像を見せつけられて、圧倒的な解放感がありました。

専門の方ですと、カンタン・メイヤスーの『有限性の後で』という本が面白かったです。ガッツリとした専門書なので、エッセンスだけ紹介したいと思います。本の真ん中ぐらいに出てくる「事実性」という概念が中心概念なんですが、簡単に言うと、あらゆることはたんに事実的であり偶然的である、ということが主張されています。ある事物が今このようになっていることも、世界そのものがこのようになっていることも、自然法則がこのようになっていることも、すべてたまたまそうなっているにすぎない、と言うんです。たまたまそうなっているにすぎないので、つぎの瞬間になんの理由もなくまったくべつのあり方に変化してもおかしくない、というのがメイヤスーの主張です。たとえば、つぎの瞬間に自然法則が崩壊して、物を落としたら全然違う方向に飛んでいくなんてこともありうることになります。論理法則でさえも突然崩壊しうるんだ、とメイヤスーは主張します。こうしたカオス的な可能性をまるごと認めている点がとても面白いです。今後、メイヤスーのこの方向性を引き継いで、僕自身の哲学として発展させていきたいなと思っています。以上です。

細木

ありがとうございます。まだまだ話は尽きないと思うんですけれども一旦ここで締めに入らせて頂きたいと思います。本日はお集まりいただきありがとうございました。最後に一言ずつご感想とかいただければと思います。お願いします。

小野先生

文学部でこういう授業があるというのは、担当なさっている先生方は大変だけれど続ければいろいろ興味関心を持たれる学生もいると思うので結構なことだと思います。しかも、やっぱり本は文学部になくてはならないもの、文学部は本がなくてどうするんだというところなのでこうした仕事に取り組んでくださる方がいるというのが非常に心強いですし、この企画に噛ませていただけたのはありがたかったです。

宇佐美先生

学生と教員が一緒に卒論を作っていくとか、一緒に何か作っていくっていうのが文学部らしいなあっていうのが最初に思いついたことです。一緒に本を作る、動画を作り、イベントするっていうそういうことを思いついたんだけれども、思いついただけで、予算を取ってきたのは今移籍されてしまった川喜田先生と事務長の坂田さんの二人で、実際授業をしていただいているのは第一部門の中村先生と及川先生なので、自分は思いついただけで人に任せて本当に申し訳ない。だから「責任者出て来い」と呼び出されたんだと思うんだけれども（笑）。で、自分の思いつきがこんなふうに実際に成果になって進んでいるんだなってわかることはとても感激です。しかもそこに学生の皆さんがいろんな学部、専攻から集まってきてそこに一緒に関わっていただくというのは本当に嬉しいことです。あと本ができ上がるのをとても楽しみに待ってたいと思います。よろしくお願いします。

大田先生

ヒトとモノということについて、本を何冊か作ってきた者として最後にひとこと。私はよく大袈裟な言い方だと宇佐美先生に叱られるんですけど、自分の出版した本一冊一冊に命をかけて作ってきました。中身はもちろんですけど、装丁でも絶対に手を抜きません。出版社とのやり取りが重要です。学生の皆さんは就職したら決められた仕事をすることが多いと思いますけれども、仕事によっては自分の意図や信念を曲げてはいけない時があります。そこで一生懸命交渉してたとえ負けても、交渉するとやっぱり何かが残るということを知っておいて下さい。だから今回の本がどんな装丁になるのかドキドキしながら楽しみにしています。本当にこの授業に参加させてくださって、感謝しています。今日の座談会もありがとうございました。

飯盛先生

一執筆者としての感想ですが、普段雑誌に論文を書いたり、本を書いたり、あるいは書評を書いたりと、さまざまなスタイルでいろんなものを書いていますが、それらとは全然違う形で文章を書く機会をいただいて、すごく楽しかったです。ありがとうございました。

及川先生

今日はいつもと違う座談会ということでまずは学生の皆さん、特に司会進行の皆さんは今朝早く集まって準備してくださりありがとうございます。そして先生方もお忙しい中本当にありがとうございます。貴重なお時間をいただきました。この授業がすごいと思うところは、もちろん文学部の授業ですけれども学年、専攻、学部を超えて少人数精鋭の六人の皆さんが今期は集まってくださったので他にはない授業だと思います。皆さんのいろんなアイディアが詰まっている授業だと思います。一番大変な出版部との交渉なども全部中村先生にお任せしてしまっているので本当にありがとうございます。ぜひ学生の皆さんにもお願いしたいのは、オンライン授業でなかなか会えないかもしれないですけれども、ぜひ周りの学生の皆さんに今こういう授業をやっているんだよとか、来年もあるらしいよとか、来年は宇佐美先生が本格的にこの授業をご担当くださるということなのでこの授業に引き続き関心を持っていただきたいと思います。それから教員としては学部でこういう取り組みをしているのを文学部のほかの先生にもアピールしたいなと思いまして、学内だけでなく学外にも中大文学部の紹介をしたいと思います。

中村先生　宇佐美先生に、モノとしての本ということで、原稿にお書きになっていた『彼岸過迄』の話や、芥川と志賀の才能の違いのお話も少し訊きたかったですけれども、それはまた別の機会にしたいと思います。

今日は本当にありがとうございました。

最初に「あとがき」から読んでしまう皆さんのための「あとがき」

この本は、一本のショートホープから始まったといえる。一九七八年だった。二〇歳の私は、代々木ゼミナールのベランダで見知らぬ男に煙草を一本無心した。彼は、快くショートホープを一本くれる。それが縁で親しくなり、私に面白いところに行かないかと誘ってくれた。東京に出立てだったし、いかにもあやしかったので二の足を踏んだが、「面白い」という言葉につられて、土曜日、渋谷の松濤についていった。工作舎という新しい出版社だった。

そこの広いスペースに、髭面の細身の男がいて、その周りにたくさんの若者が集まっていた。「遊学する土曜日」という集まりだった。その男性、松岡正剛は、この宇宙すべてに通じているのではないかと思われた。文学、哲学、芸術、歴史、宗教、物理学、とにかくなにもかも。該博な知識で縦横無尽に森羅万象を語っていた。二〇歳の私は、心底驚嘆し圧倒される。

それから四二年たった。この授業のために、コピーライターになったショートホープの男（加藤庸一さん）に連絡をとった。その加藤さんが、工作舎の石原剛一郎さんを紹介してくれた。二人で、この本を創る授業に参画してくれることになる。前期、後期と講義もし、学生の皆さんを指導しタイトルを決め、編集作業を助け、ブックデザインもつくって頂いた。こうして、この本ができあがったのだ。

いいですか！　二〇歳という年齢を絶対にゆるがせにしてはいけません。この時期を漫然と過ごしてはいけない。なぜなら一生が決まるからです。二〇歳の頃に知り合った加藤さん（そして、石原さん）と仕事をし、六二歳の私は、皆さん（学生のみんなや先生方）と一緒に本を創った。二〇歳のときに出会った松岡正剛の深甚な影響のもとに、私はいまだに研究を続けている（これ本当）。こう考えると、二〇歳の頃に、ほとんど一生が決まったといっても過言ではないのです、少なくとも私は。

この本は、一一人の学問の達人たちが、自分自身の二〇歳の頃を振り返り、読書の秘密をささやきます。達人だけが知っている秘法を、そっと教えてくれるのです。こんな本は、今までもなかったし、これからもないでしょう。何なら四字熟語をつかってもいい。「空前絶後」というやつです。あなたがもし二〇歳前後の若者なら、この本で一生が決まるかもしれません。いや、絶対に決まるでしょう。

どうです！　手にとって（もうとっていますね）、いますぐ読み始めませんか。

中村　昇

索　　引

あ　行

か　行

索　　引

さ　行

た 行

な　行

は　行

ま　行

や　行

ら　行

わ　行

執筆者の先生方が20歳前後で読まれた本一覧

この本のなかで言及された文献を表にした。著者名のみ触れられている場合には、菊地と中村で代表作を選んだ。高校生や大学生が手にとりやすく読みやすい出版社のものにした。

（菊地礼・中村昇作成）

―吉野朋美先生―

ヴィクトール・E・フランクル『夜と霧　新版』（池田香代子訳、みすず書房）
ジェイムズ・ジョイス『ダブリナーズ』（柳瀬尚紀訳、新潮文庫）
同『フィネガンズ・ウェイク』全4巻（柳瀬尚紀訳、河出文庫）
同『ユリシーズ』全4巻（丸谷才一他訳、集英社文庫ヘリテージ文庫）
丸谷才一『後鳥羽院』（ちくま学芸文庫）
樋口芳麻呂『後鳥羽院』（集英社）
『新古今和歌集』（角川ソフィア文庫）
『古今和歌集』（角川ソフィア文庫）
『万葉集』全5冊（岩波文庫）

―川喜田敦子先生―

歴史教育研究会編『日韓交流の歴史　日韓歴史共通教材　先史から現代まで』（明石書店）
日韓共通歴史教材制作チーム編『学び、つながる日本と韓国の近現代史』（明石書店）
日中韓三国共同歴史教材委員会編『未来をひらく歴史　東アジア三国の近現代史』（高文研）
西川正雄『自国史を越えた歴史教育』（三省堂）
川喜田敦子『ドイツの歴史教育』（白水社 2005、新装復刊版 2019）
同『東欧からのドイツ人の「追放」20世紀の住民移動の歴史のなかで』（白水社）

近藤孝弘『国際歴史教科書対話　ヨーロッパにおける「過去」の再編』（中公新書 1998）
同『ドイツ現代史と国際教科書改善　ポスト国民国家の歴史意識』（名古屋大学出版会 1993）

―大田美和先生―

大田美和『大田美和の本』（北冬社）
同『きらい』（河出書房新社）
トーベ・ヤンソン『ムーミン・コミックス（全14巻セット）』（冨原眞弓訳、筑摩書房）
『トーベ・ヤンソン・コレクション 全8冊セット』（冨原眞弓訳、筑摩書房）
清少納言『枕草子』（角川ソフィア文庫）
菅原孝標女『更級日記』（角川ソフィア文庫）
『与謝野晶子の源氏物語　上・中・下』（角川ソフィア文庫）
アレクサンドル・デュマ『ダルタニャン物語』全11巻（鈴木力衛訳、復刊ドットコム）
J.R.R. トールキン『指輪物語』全10巻セット（瀬田貞二他訳、評論社文庫）。
トルストイ『戦争と平和』全4巻（工藤精一郎訳、新潮文庫）
同『アンナ・カレーニナ　上・中・下』（木村浩訳、新潮文庫）
チェーホフ『かもめ・ワーニャ伯父さん』（神西清訳、新潮文庫）
同『桜の園・三人姉妹』（神西清訳、新潮文庫）
リチャード・アダムス『ウォーターシップ・ダウンのウサギたち』上・下（神宮輝夫訳、評論社文庫）。
井上ひさし『イーハトーボの劇列車』（新潮文庫）
トマス・ハーディ『テス』上・下（井上宗次他訳、岩波文庫）。
ピーター・シェーファー『ピーター・シェーファーⅠ　ピサロ／アマデウス』（ハヤカワ演劇文庫）
ドストエフスキー『カラマゾフの兄弟』全3巻（原卓也訳、新潮文庫）
同『白痴』上・下（木村浩訳、新潮文庫）
ロマン・ロラン『ジャン・クリストフ』全4巻（豊島与志雄訳、岩波文

庫）
Ｔ・Ｓ・エリオット『荒地』（岩崎宗治訳、岩波文庫）
萩原朔太郎『詩の原理』（新潮文庫）。
『プーシキン詩集』（金子幸彦訳、岩波文庫）。
アーサー・ミラー『セールスマンの死』（倉橋健訳、ハヤカワ演劇文庫）
マーガレット・ドラブル『碾臼』（小野寺健訳、河出文庫）
エドワード・モーガン フォースター『インドへの道』（瀬尾裕訳、ちくま文庫）
森松健介『トマス・ハーディ 全小説を読む 簡約教科書版』（中央大学出版部）
同『ヴィクトリア朝の詩歌』第一巻（音羽書房鶴見書店）
森松健介「美の魔術師ウィリアム・モリス：新たな春を迎えた学生諸君へ」、「MyCul」11号、2008年4月発行。
アニタ・ブルックナー『秋のホテル』（小野寺健訳、晶文社）
ジョン・ファウルズ『フランス軍中尉の女』（沢村灌訳、株式会社サンリオ）
カズオ・イシグロの『遠い山なみの光』（小野寺健訳、ハヤカワ epi 文庫）
D.M. トマス『ホワイト・ホテル』（出淵博訳、河出書房新社）
『ジェイン・エア』上・下（河島弘美訳、岩波文庫）
エミリ・ブロンテ『嵐が丘』（鴻巣友季子訳、新潮文庫）
ヴァージニア・ウルフ『自分ひとりの部屋』（片山亜紀訳、平凡社ライブラリー）
ブロンテ，シャーロット『ヴィレット』（相良次郎訳、ダヴィッド社）
『ジェイン・エア』上・下（河島 弘美訳、岩波文庫）
サンドラ・ギルバート、スーザン・グーバー『屋根裏の狂女　ブロンテと共に』（山田晴子他訳、朝日出版社）
水田宗子『ヒロインからヒーローへ　女性の自我と表現』田畑書店
山脇百合子『英国女流作家論』（北星堂書店）
同『エリザベス・ギャスケル研究』（北星堂書店）
夏目漱石『三四郎』（新潮文庫）
芥川龍之介『奉教人の死』（新潮文庫）

—及川淳子先生—

李鋭『龍胆紫集』（厦門学人出版社）
ドキュメンタリー映画『長江』（1981年、監督さだまさし）
寺山修司『書を捨てよ、町へ出よう』（角川文庫）
木山英雄『人は歌い人は哭く大旗の前　漢詩の毛沢東時代』（岩波書店）
及川淳子『現代中国の言論空間と政治文化——「李鋭ネットワーク」の形成と変容』（御茶の水書房）
李鋭著、小島晋治編訳『中国民主改革派の主張　中国共産党私史』（岩波現代文庫）

—鳥光美緒子先生—

柴田翔『されどわれらが日々』（文春文庫）
高野悦子『二十歳の原点』（新潮文庫）
村上龍『限りなく透明に近いブルー』（講談社文庫）
ルーシー・モード・モンゴメリ『赤毛のアン』（村岡花子訳、新潮文庫）
同『可愛いエミリー』（村岡花子、新潮文庫）
L・M・オルコット『若草物語』（朝倉 めぐみ訳、角川文庫）
ジーン・ウェブスター『あしながおじさん』（岩本正恵訳、新潮文庫）
佐多稲子『体の中に風が吹く』（角川文庫）
宮本百合子『二つの庭』（新日本出版社）
瀬戸内寂聴『夏の終わり』（新潮文庫）
林芙美子『浮雲』（新潮文庫）
山岡荘八『徳川家康』全26巻（講談社）
吉川英治『宮本武蔵』全8巻（新潮文庫）
エラリー・クイーン『Xの悲劇』（中村有希訳、角川文庫）
同『Yの悲劇』（越前敏弥訳、角川文庫）
E.S. ガードナー『瓜二つの娘』（宇野利泰訳、早川書房）
同『義眼殺人事件』（能島武文訳、グーテンベルク21）
ボーヴォワールの『第二の性』（『第二の性』を原文で読み直す会訳、新潮文庫）
同『娘時代』（朝吹登水子訳、紀伊国屋書店）

高橋和巳の『悲の器』（河出文庫）
同『我が心は石にあらず』（河出文庫）
同『邪宗門上・下』（河出文庫）
有島武郎『在る女』（新潮文庫）
同『一房の葡萄』（岩波文庫）
武者小路実篤『友情』（岩波文庫）
同『愛と死』（新潮文庫）
大杉栄『自叙伝・日本脱出記』（岩波文庫）
同『大杉栄評論集』（岩波文庫）
堀辰雄『風立ちぬ・美しい村』（新潮文庫）
同『菜穂子』（岩波文庫）
梶井基次郎『檸檬』（角川文庫）
『梶井基次郎全集全一巻』（ちくま文庫）
横光利一『機械・春は馬車に乗って』（新潮文庫）
同『旅愁　上・下』（岩波文庫）
アーシュラ・K・ル・グィン『闇の左手』（小尾芙佐訳、ハヤカワ文庫）
同『ゲド戦記　全６冊』（清水真砂子訳、岩波少年文庫）
オリアーナ・ファラーチ『生まれなかった子どもへの手紙』（竹山博英訳、講談社）
アナイス・ニン『アナイス・ニンの日記 1931 ～ 34 ―ヘンリー・ミラーとパリで』（原麗衣訳、ちくま文庫）
同『ヘンリー＆ジューン』（杉崎和子訳、角川文庫）
E. ジェインウェイ『男世界と女の神話』（佐々木洋子他訳、三一書房）
太宰治『人間失格』（新潮文庫）
同『きりぎりす』（新潮文庫）
『中野重治詩集』（岩波文庫）
『中原中也全詩集』（角川ソフィア文庫）
石原吉郎『望郷と海』（みすず書房）
『石原吉郎セレクション』（柴崎聰編）（岩波現代文庫）
フィリップ・アリエス（杉山光信他訳）『〈子ども〉の誕生―アンシャン・レジーム期の子供と家族生活』（みすず書房）

—阿部幸信先生—

カール・セーガン『COSMOS 上・下』（木村繁訳、朝日選書）
野尻抱影『星と伝説』（中公文庫 BIBLIO）
安房直子『まほうをかけられた舌』（フォア文庫）
井上ひさし『国語元年』（中公文庫）
竹田青嗣『自分を知るための哲学入門』（ちくま学芸文庫）
祖父江孝男『文化人類学入門』（中公新書）
丸山圭三郎『言葉と無意識』（講談社現代新書）
ソシュール『一般言語学講義』（小林英夫訳、岩波書店）
モンテスキュー『ローマ人盛衰原因論』（田中治男訳、岩波文庫）
アガサ・クリスティー『オリエント急行殺人事件』（山本やよい訳、ハヤカワ文庫）
同『そして誰もいなくなった』（青木久恵訳、ハヤカワ文庫）

—縄田雄二先生—

野田又夫編『世界の名著 22　デカルト』（中央公論社）
ゲーテの『ファウスト１，２』（相良守峰訳、岩波文庫）
石川淳『石川淳随筆集』（澁澤龍彦編、平凡社ライブラリー）
同『焼跡のイエス・善財』（講談社文芸文庫）
『土左日記』（紀貫之、角川ソフィア文庫）
『竹取物語』（角川ソフィア文庫）
『方丈記』（鴨長明、角川ソフィア文庫）
手塚富雄『ゲオルゲとリルケの研究』（岩波書店）
福永光司『老子』（ちくま学芸文庫）
『李白詩選』（松浦 友久編訳、岩波文庫）
シェイクスピア著大場建治編注訳『あらし』（研究社）
ニーチェ『この人を見よ』（手塚富雄訳、岩波文庫）
同『ツァラトゥストラ』（手塚富雄訳、中公文庫プレミアム）
シェイクスピア『あらし』（大場建治編注訳、研究社）

—飯盛元章先生—

野矢茂樹『哲学の謎』（講談社現代新書）
永井均『〈子ども〉のための哲学』（講談社現代新書）
エマニュエル・レヴィナス『時間と他者』（法政大学出版局）
飯盛元章『連続と断絶—ホワイトヘッドの哲学』（人文書院）
カンタン・メイヤスー『有限性の後で』（千葉雅也他訳、人文書院）

—中澤秀雄先生—

梅棹忠夫『モゴール族探検記』（岩波新書）
梅原猛『人類哲学序説』（岩波新書）
丸山真男『日本の思想』（岩波新書）
加藤周一『羊の歌』『続・羊の歌』（岩波新書）
中村雄二郎『術語集』（岩波新書）
池田潔『自由と規律：イギリスの学校生活』（岩波新書）
大河内一男『戦後日本の労働運動』（岩波新書）
市井三郎『歴史の進歩とはなにか』（岩波新書）
吉田豪『聞き出す力』（日本文芸社）
大谷佳子『質問する技術　便利帖』（翔泳社）
W.F. ホワイト『ストリート・コーナー・ソサイエティ』（奥田道大他訳、有斐閣）
B. マリノフスキ『西太平洋の遠洋航海者』（増田義郎訳、講談社学術文庫）
有賀喜左衛門『日本小作制度と家族制度』（『著作集１・２』未來社）
横山源之助『日本之下層社会』（岩波文庫）
佐久間充『ああダンプ街道』（岩波新書）
佐藤郁哉『暴走族のエスノグラフィー』（新曜社）
船橋晴俊『社会制御過程の社会学』（東信堂）
鎌田とし子『「貧困」の社会学』（御茶の水書房）
緒方正人、辻信一『常世の舟を漕ぎて』（素敬 SOKEI パブリッシング）
デビッド・ハルバースタム『ベスト＆ブライテスト』（朝日文庫）
山本茂美『あゝ野麦峠』（角川文庫）
白波瀬達也『貧困と地域』（中公新書）

ブック・ガイド

岸政彦『同化と他者化』（ナカニシヤ出版）
同『社会学はどこから来てどこに行くのか』（有斐閣）
川合隆男編『近代日本社会調査史〈1〉〈2〉〈3〉』（慶応通信）

—小野潮先生—

『危険な関係』ピエール・ショデルロ・ド・ラクロ（角川文庫、竹村猛訳）

—宇佐美毅先生—

夏目漱石『行人』（新潮文庫）
同『それから』（新潮文庫）
同『こころ』（新潮文庫）
同『道草』（新潮文庫）
同『明暗』（新潮文庫）
同『彼岸過迄』（新潮文庫）
森鷗外『舞姫・うたかたの記』（岩波文庫）
芥川龍之介『蜘蛛の糸・杜子春・トロッコ』（岩波文庫）
同『蜜柑・尾生の信』（岩波文庫）
志賀直哉『小僧の神様』（岩波文庫）
同『和解』（新潮文庫）
尾崎紅葉『金色夜叉』（新潮文庫）
徳富蘆花『不如帰』（岩波文庫）

座　談　会（現在読んでいらっしゃる本も含む）

森村桂『天国にいちばん近い島』（角川文庫）
ラシーヌ『フェードル アンドロマック』（渡辺守章訳、岩波文庫）
島崎藤村『夜明け前』（新潮文庫）
同『家』（岩波文庫）
同『新生』（岩波文庫）

執筆者紹介

阿部 幸信　中央大学文学部教授：中国古代政治制度史
飯盛 元章　中央大学文学部兼任講師：現代西洋哲学
宇佐美 毅　中央大学文学部教授：日本近現代文学、現代文化論
及川 淳子　中央大学文学部准教授：現代中国社会、政治社会思想
大田 美和　中央大学文学部教授：19世紀イギリス小説、フェミニズム、ジェンダー論／歌人
小野　潮　中央大学文学部教授：19世紀フランス文学
川喜田 敦子　東京大学大学院総合文化研究科准教授：ドイツ現代史
鳥光 美緒子　中央大学人文科学研究所客員研究員：教育哲学
中澤 秀雄　中央大学法学部教授：地域社会学
縄田 雄二　中央大学文学部教授：ドイツ文学、ドイツ思想、比較文化
吉野 朋美　中央大学文学部教授：日本中世文学・和歌文学
〔50音順〕

伊藤 龍也　中央大学文学部4年
木村 希望　中央大学文学部1年
小林 真生　中央大学文学部3年
佐々木 鞠華　中央大学文学部1年
藤蔦 亮太　中央大学文学部1年
細木 勇佑　中央大学文学部2年
〔50音順、年次は当時〕

中村 昇　中央大学文学部教授：哲学

読書する知性

中央大学文学部実践的教養演習第1部門2020 —— 編

2021年10月7日　初版第1刷発行

編　者　　中村　昇

発行者　　松本　雄一郎

発行所　　中央大学出版部
〒192-0393　東京都八王子市東中野742-1
電話:042-674-2351　FAX:042-674-2354
http://www2.chuo-u.ac.jp/up/

カバーデザイン　工作舎

印刷・製本　恵友印刷株式会社

ISBN 978-4-8057-5232-6